Bestehen in einer digitalen Welt

Das Buch „Bestehen in einer digitalen Welt." richtet sich speziell an Inhaber und Unternehmensleitung von kleinen und mittleren Unternehmen (KMU) sowie Handwerk und Handel.

Sichern Sie das Überleben und meistern Sie den Erfolg für die kommenden 20 Jahre. Sie erhalten das notwendige Wissen für den Einstieg in die digitale Zukunft von Handwerk und KMU – Ihren Leitfaden zur Digitalisierung.

1. **Sieben Wege** um Internet und Industrie 4.0 Technologien gewinnbringend einzusetzen.

2. **Hintergrundwissen:** digitale Strategie, Geschäftsmodell, Umgang mit Daten, zukunftsweisende Investitionen

3. Ihre Schritte zur erfolgreichen Umsetzung. **Mit sanften Veränderungen starten!**

ISBN 978-3-946473-98-5

Autor: Ralf Hasford
2016, 1. Ausgabe
© Hasford | Business Kommunikation

Inhaltsverzeichnis

Mein Dank gilt allen die mich unterstützt und gefördert haben und
doch zu bescheiden sind, hier genannt werden zu wollen.

Einführung

Ab heute erfolgreich digital

Nehmen Sie mein Buch als Ihr „Update" in digitale Zeiten. Doch was ist Update? Übersetzt kann es Aktualisierung oder Erweiterung heißen. Es beseitigt mangelhafte Funktionen oder ergänzt Bestehendes um weitere Optionen. Jedes Update wird teils mit Freude und teils mit Schrecken zur Kenntnis genommen – es gibt was Neues! Es erhöht die Sicherheit, es kostet Zeit und mitunter erfordert es Investitionen. Ihr Mobiltelefon will es ca. zweimal im Jahr, das Büroprogramm Word alle zwei Wochen und der notwendig Virenscanner im PC einmal pro Tag. Das Buch ist das Update für Unternehmensleiter und Unternehmensleiterinnen, die erkannt haben, dass sie jetzt mit der Digitalisierung vorankommen müssen. Das können Sie vom Buch erwarten:

▶ Überblick neue Geschäftsmodelle und Wechseloptionen

▶ Klarheit über Ihren erfolgreichen Weg in einer digitalen Welt

▶ Konkrete Anleitung für erste sanfte Schritte in die Digitalisierung in Form von kleinen Aufgaben in den einzelnen Kapiteln

Damit Sie wissen, wer Sie die nächsten Stunden auf Ihrem erfolgreichen Einstieg in eine digitale Zukunft führt, stelle ich mich Ihnen als Autor vor. Ich bin Ralf Hasford, *1965 und schloss 1985 meine Lehre im Handwerk als Rundfunk-Fernsehtechniker ab. Eine spätere Ausbildung zum Medientechniker führte dann zur Zusammenarbeit mit Agenturen, Druckereien, Softwarehäusern sowie global produzierenden Industrieunternehmen. Regelmäßige Weiterbildungen begleiteten meine berufliche Tätigkeit als auch meine Selbstständigkeit ab 2008.

Heute coache und begleite ich Handwerk sowie Mittelstand beim Einstieg in die Digitalisierung.

Meine Spezialthemen sind Strategie- und Unternehmensentwicklung, Geschäftsmodelle, Kommunikation und Produkt. Zu diesen Themen arbeite ich mit Verbänden und Fachgruppen.

Mit meinem Büro Hasford | Business Kommunikation biete ich Strategie-Workshops, Inhouseseminare, Vorträge und Führungskräfte-Coachings an.

Dieses Buch wird Sie auf Ihrem Weg in den digitalen Wandel begleiten. Es ist der Schlüssel für Sie und Ihr Unternehmen, um die Türen zu Geheimnissen des modernen Managements und neuer digitaler Geschäftsmodelle zu öffnen. Ergreifen Sie die Chance des digitalen Wandels.

Lernen Sie Entwicklungsoptionen kennen, die zu Ihrer Unternehmensgröße und Branche passen. Ich leite Sie auf Ihren Weg, wie Sie mit einem kleinen bzw. mittleren Unternehmen in die digitale Entwicklung starten. Dazu beschreibe ich die sieben bestehenden Wege, die einzeln begehbar sind oder bei größeren Unternehmen in Kombination auftreten können. Jeder der sieben Wege teilt sich in Etappen, die ich ebenfalls für Sie nachvollziehbar skizziere.

Digitalisierung ist nicht „mit Links" zu machen oder auf die „leichte Schulter" zu nehmen. Sie entscheidet, ob Ihr Unternehmen morgen noch am Markt ist oder in den nächsten Jahren klanglos verschwindet. Entscheiden Sie mit der Digitalisierung, ob Sie erfolgreich die nächsten 20 Jahre bestehen oder lieber heute noch die Tür für alle Zeiten abschließen sollten. Erfolgreiche Digitalisierung bietet Ihnen die Möglichkeit, ihr Unternehmen zu 50% von zu Haus oder vom Golfplatz zu führen und trotzdem satte Gewinne zu machen.

- ▶ Waren Sie einer der ersten, der ein Mobiltelefon hatte, weil es unglaublich praktisch war und Ihnen neue Freiheiten ermöglichte?
- ▶ Haben Sie Ihrer Sekretärin den Computer hingestellt, damit sie mit Auftraggebern und Lieferanten kommunizieren konnte?
- ▶ Waren Sie es, der sehr schnell das Internet nutzte, um im Einkauf Geld zu sparen?
- ▶ Vertrauen Sie heute auf Navigation und Einparkhilfe im Auto obwohl Sie es nicht brauchen würden?
- ▶ Herzlichen Glückwunsch, dann Sie sind schon mitten drin in der Digitalisierung!

Bisher waren Sie erfolgreich und jetzt soll es „noch digitaler" weitergehen? Wie steht es um Ihr Unternehmen? Wo steht Ihre digitale Konkurrenz – ist sie in Sichtweite oder schon an Ihnen vorbei gezogen? Beispielhaft können wir auf die Druckereien blicken. Wer nicht den Schritt unternahm, digital seine Kunden zu informieren und zu binden oder überregional eine Nische zu besetzen und seine Leistungen deutschlandweit anzubieten, hat sein Unternehmen inzwischen verkauft oder für immer geschlossen.

Wie knapp ist die verbleibende Zeit für Sie, um mit den Etappen Ihres Wegs der Digitalisierung zu beginnen? Sicherlich haben sie schon die erste Etappe erfolgreich absolviert und es noch nicht wahrgenommen. Nur Mut! Fahren Sie fort auf Ihrem Weg in die erfolgreiche Digitalisierung Ihres Unternehmens. Welches die nächsten Schritte sind, auf denen ich Sie begleite, erfahren Sie am Ende des dritten Kapitels

Mit dem trockenen Wort „Mittelstand 4.0" wird der Wandel in den kleinen und mittleren Unternehmen in Deutschland umschrieben. Der Wandel umfasst technologische und gesellschaftliche Prozesse. Weder einzelne Personen noch Unternehmen werden den Wandel oder die sich verändernde Konkurrenzentwicklung durch Passivität aufhalten oder beeinflussen können. Sie müssen sich dem Alltag stellen und aktiv werden. Das bringt Chancen und Risiken mit sich. Auf den nächsten Seiten erläutere ich was das für ein Unternehmen bedeutet und wie sich es sich in konkreten Arbeitsaufgaben umsetzen lässt.

Häufig verwendete Abkürzungen

Zu Beginn eine kurze Übersicht von häufig verwendeten Abkürzungen / Begriffen der Digitalisierung. Eine weitere und umfassendere Begriffserklärung finden Sie am Ende des Buchs (S. 73).

- ▶ IoT ... Internet of Things ... Geräte und Dinge, die mit Sensoren ausgestattet sind und Daten via Internet Protokoll versenden
- ▶ IoS ... Internet of Service ... auch smart Service genannt ... Service auf Grundlage der über das Internet übertragenen Ereignis-, Momentan- und Verbrauchsdaten
- ▶ ERP ... Enterprise-Resource-Planning ... umfassendes digitales „Unternehmens-Cockpit" mit der Übersicht aller Daten zur Ressourcenplanung
- ▶ CPS ... Cyber-physisches System ... Verbund aus IoT und Datenspeicher
- ▶ CPPS ... Cyber-physisches Produktionssystem ... auch smart factory genannt ... vernetzte, sich selbst steuernde Produktion
- ▶ CRM ... Customer-Relationship-Management ... alle Verbindungen mit den Kunden
- ▶ IT / IKT ... Informations-Technologie / Informations- und Kommunikations-Technologie
- ▶ IP ... Internet Protokoll ... Grundlage für Datenaustausch und -verarbeitung
- ▶ Stakeholder ... alle Beteiligten sowie alle involvierten und interessierten Personen sowie Institutionen

Kapitel 1 ... Erste Schritte der Digitalisierung

Digitalisierung braucht Führung

Mitarbeiter sehen nur selten was auf dem Tagesplan des Chefs steht. Und mitunter beginnt der Arbeitstag nachts um halb vier, wenn die Gedanken im Kopf so laut werden. An Schlaf ist dann nicht mehr zu denken. „Verantwortung und Sorgen" machen sich breit. Es sind die Gedanken um Auftragslage, Termine, Qualität, Recht, Gesundheit, Steuern, Mitarbeiter und noch vieles mehr. „Ist zum Monatsende ausreichend Geld verfügbar? Wie wirken sich Gesetzesänderungen zu Mindestlohn, Sozialabgaben, Datenschutz und Prävention aus? Sind die Reserven sicher? Welche Akquisetermine und Lieferantenentscheidungen stehen für den neuen Tag an? Wann finde ich Zeit für die Familie?"

Und dann kommen die Fragen um die Mitarbeiter: „Haben sie alle Informationen? Werden Termine gehalten? Warum werden manche Dinge verschleppt und der Verzug nicht mitgeteilt? Sorgen Sie selbst dafür, dass alle Maschinen laufen? Wer macht die nächste Wartung? Wer ist loyal und sollte zur Weiterbildung? Wie senke ich Fehlstunden und Krankenstand?" Das kennen Sie zur Genüge? Wäre es hilfreich, wenn Zahlen und Termine auf einem Blick Antwort auf einen Teil der Fragen geben könnten? Vielleicht mit dem Blick aufs Smart Phone in eine Art „Cockpit" Ihrer ERP Software? Könnten Sie sich vorstellen, dass Sie sich dann besser Antworten für die verbleibenden Fragen finden? Einer der ersten Schritt der digitalen Umsetzung heißt daher, Prozesse erfassen und digital abbilden. Dazu Kennzahlen herausfinden und abbilden, hinzu kommen die Planungsdaten. Beides verbunden mit den Echtzeit-Zahlen gibt den genauen tagaktuellen Stand wieder. Kontostand, Auslastung, Arbeitsplatz und Einsatzbereitschaft; offene, gefertigte, gelieferte und abgerechnete Aufträge; Materialvorräte, Wartungstermine; offene und besetzte Stellen, Urlaub usw. lassen sich so abbilden. Bleibt die Sorge um Akquise, Kunden, Mitarbeiter und die Kommunikation zu allen Stakeholdern.

In kleinen Unternehmen können sich alle Mitarbeiter täglich oder zumindest einmal die Woche mit dem Chef oder der Chefin unterhalten, gemeinsam Essen oder einen Kaffee trinken. Ab einer Größe von dreizehn wird es schwierig, ab fünfundzwanzig unmöglich. Kommen noch Außenstellen, Filialen oder Montage-Teams dazu, so ist der natürliche Austausch nur noch Illusion.

Eine erfolgreiche Zusammenarbeit in digitalen Zeiten zu etablieren und alltäglich zu leben, heißt „Führen durch Anleiten, Moderieren und Monitoren (= Erfassen und Kontrollieren)". Eine entscheidungsoffene Führung ist hier stärker denn je gefragt, um die Arbeitsfähigkeit allzeit zu gewährleisten. Was meine ich mit „Entscheidungsoffen"? Entscheidungen werden vornehmlich nicht mehr vom Cheftisch oder zwischen Tür und Angel gefällt sondern auf definierten Berichts- und Beschlusswegen. Was braucht es dafür im Umfeld? Neben der eigenen Offenheit und Transparenz im Handeln benötigt Ihr Unternehmen vier Dinge. Unter dem Begriff „Business DNA" wurden diese zusammengeführt, es sind:

▶ Klare Strukturen im Unternehmen

▶ Definierte Berichts- und Beschlusswege

▶ Umfassende Motivation die auf verlässliche Parameter aufbaut

▶ Auf Informationsaustausch und Wissensgewinn ausgerichtete Kommunikation

Das bedeutet wertschätzend und motivierend zu führen, eigenes Wissen zu teilen und das Team zu stärken und stellt manch Firmen-Patriarch, Eigentümer oder Geschäftsführer vor eine recht große Aufgabe.

Welche Mittel und Methoden können Ihnen dabei helfen? Regelmäßige Termine, „jour fixe", in einer klaren und immer wieder durchgeführten Struktur. Vereinbarungen mit Zwischenberichten und Abrechnung zu verbindlichen Terminen, klar definierte Verantwortungen, sowie die Moderation von Gruppenarbeit, Besprechungen und Meetings. Das ist einfach und sehr erfolgreich. Haben Sie sich schon einmal gefragt, wo Mitarbeiter Ihre Informationen und das zur Arbeit notwendige Wissen herbekommen? Gibt es dafür fixe Orte (Tafel oder Schaukasten), interne Webseiten oder ein Chat? Ist es ein zentral geführter Ordner mit entsprechenden Dateien oder etwas vergleichbares, wo alle sich informieren und offene Fragen hinterlassen können? In der analogen wie der digitalen Welt müssen Sie sich verstärkt den Fragen stellen: „Wie kommen Sie als Unternehmensleiter an die offenen Fragen oder sogar „wunden Punkte" heran? Welche Zeit haben Sie, um Antworten zu finden und diese zu liefern?" Gerade in Zeiten der Veränderung – von Wachstum oder Schrumpfen, bei der Fusion von Unternehmen oder bei der Einführung neuer Technologien und Arbeitsweisen – also der Umgestaltung eines Unternehmens, ist bidirektionale Kommunikation (zweiseitiger Austausch) sehr wichtig. Sie müssen alle Fakten der Planung, Umsetzung und Einführung besonders häufig auf die Tagesordnung bringen. Informieren Sie über Erwartungen, Hemmnisse und Stand der Arbeiten bzw. des Projektes. Beziehen Sie dabei selbst die mit ein, die nur am Rande beteiligt sind. In einigen Unternehmen bedeutet das, nur kleine Änderungen vorzunehmen, bei anderen wird es wohl ohne große, manchmal unangenehme Umwälzungen nicht zu erreichen sein. Sie haben das als Unternehmensleiter / Unternehmensleiterin selbst in der Hand.

Nur wenn Eigentümer, Geschäftsführer (und bei größeren Unternehmen auch die leitenden Mitarbeiter) in Richtung Mittelstand 4.0 aktiv vorangehen, werden die Hürden genommen und die Erfolgszonen erreicht. Das setzt eine Kommunikation zu allen Stakeholder voraus. (Stakeholder = alle Involvierten und Beteiligten).

Auch bei digital gestützten Geschäftsmodellen, wie sie mit „4.0" alltäglich werden, bilden Teamarbeit und emotionales Engagement aller Mitarbeiter und Mitarbeiterinnen die wichtigen Erfolgsfaktoren für gute Dienstleistung bzw. Produktion. Nur mit ihnen ist das Ziel der Synthese aus einer Nutzung der Informationstechnik und der klassischen, vom Menschen geprägten Arbeits- und Organisationsform zu erreichen und in nachhaltigen unternehmerischen Erfolg zu überführen. Am Besten tragen Sie mit einem charismatischen und offenen Führungsstil dazu bei. Motivieren Sie die Stakeholder und nehmen so alle Mitarbeiter/innen wertschätzend mit in die „neue Zeit".

„Mittelstand 4.0" – Definition

Im „Mittelstand 4.0" bilden die digitalisiert ausgetauschten Informationen das Rückgrat allen Tuns. Der Begriff ist angelehnt an die „vierte industrielle Revolution". Nicht mehr die Kraft des Dampfes (Sinnbild der ersten industriellen Revolution), die Elektrifizierung (mit der die zweite industrielle Revolution startete) und darauf aufbauende rechnergestützte Automatisierung der Arbeitsprozesse (Ausdruck der dritten industriellen Revolution) bestimmt die Arbeitswelt, sondern eine immer stärkere datentechnische Vernetzung charakterisieren sie.

Was bedeutet das für Sie? Aus der schier unendlichen Verfügbarkeit von aktuellen Daten entstehen für alle Unternehmen neue Handlungsfelder.

Wie entstehen die Daten? Menschen mit Smart Phone, Tablet-PCs und Computern sowie Sensoren in technischen Geräten und alltäglichen Gegenständen liefern diese Datenflut. Die ständige Verfügbarkeit von aktuelleren Daten – durch die Übertragung über Mobilfunk und Internet – sowie extrem leistungsfähige Elektronik zur Berechnung und Auswertung großer Datenmengen, ermöglicht einen viel deutlicheren Blick auf das gegenwärtige Geschehen. Das eröffnet die Chance auf wesentlich kürzere Reaktionszeiten.

Für mich kennzeichnet „4.0" folgende Qualität: „Umsetzung des eigenen Bestrebens, mittels digitaler Datenerhebung die Bedürfnisse des Kunden zu erfassen, abzubilden und tiefgründig zu verstehen.

Daran angelehnt werden Leistungen und Produkte kreiert, die einen am Kundenbedürfnis ausgerichteten Service realisieren. Die Reaktionszeiten können damit dramatisch verkürzt werden. Letztendlich verdienen Unternehmen daran, dass die Kundenzufriedenheit wächst."

Richtig umgesetzt, reduzieren sie für den Kunden die Komplexität und gestatten unternehmerisches Handeln weitaus individueller und effizienter zu gestalten. Digitale Kommunikation und darauf aufsetzende Geschäftsbeziehungen sichern nachhaltig den Erfolg.

Datentechnische Vernetzung von Kommunikation, Planung, Produktion, Logistik und Service

Reaktionszeiten werden dramatisch verkürzt

Entscheidungen auf Grundlage von Echtzeitdaten, Algorithmen und Planungsdaten

Leistungen und Produkte, die einen am Kundenbedürfnis ausgerichteten Service realisieren

Setzt digitale Kompetenz sowie eine offene jedoch verbindliche Führungskultur voraus

Mittelstand 4.0

Mittels digitaler Daten die Bedürfnisse der Kunden erfassen, abbilden und tiefgründig verstehen

Gestattet unternehmerisches Handeln weitaus individueller und effizienter zu gestalten

Digitale Kommunikation und darauf aufsetzende Geschäftsbeziehungen sichern nachhaltig den Erfolg

Die Komplexität für den Kunden reduzieren

Unternehmen verdienen daran, dass die Kundenzufriedenheit wächst

„Digitaler Mittelstand"

Der Begriff digitaler Mittelstand wurde in der Politik geprägt. Für Sie und Ihr Unternehmen lassen sich daraus folgende Forderungen ableiten.

▶ Nur mit eigener, digitaler Kompetenz werden Sie Entscheidungen treffen können und folgerichtig Investitionen tätigen, die Ihr Unternehmen erfolgreich in die digitale Epoche führen.

▶ Verbinden Sie das Unternehmen auch digital mit den Kunden, um deren Bedürfnisse schneller zu erfassen und individueller darauf einzugehen.

▶ Schaffen Sie digitale Verbindungen um Verfügbarkeit, Bestellung, Fertigung / Dienstleistung, Abrechnung sowie Nachverfolgung abzubilden und damit Ihre Effizienz zu steigern und Ressourcen zu sparen.

▶ Definieren Sie Ihr Geschäftsmodell neu und fügen Sie dabei digitale Komponenten ein, um es den veränderten Herausforderungen Ihrer Märkte anzupassen.

▶ Erfassen, straffen und digitalisieren Sie alle Arbeitsprozesse im Unternehmen.

▶ Führen Sie Technologien ein, die auf Grundlage von Echtzeitdaten sowie Algorithmen intelligente Entscheidungen begünstigen oder selbst herbeiführen.

▶ Tragen Sie für Weiterentwicklung und Weiterbildung der Mitarbeiter und Mitarbeiterinnen Sorge.

Digitalisierung bringt Fortschritt

Aus dem Begriff „Mittelstand 4.0" leiten sich Arbeitsaufgaben für Sie ab:

▶ Seien Sie offen und betrachten Sie, was in der digitalen Welt außerhalb Ihrer Branche geschieht

▶ Erkennen Sie den Wert von Daten und Wissen und machen Sie diese zu Währung und Basis aller Ihrer Entscheidungen

▶ Finden Sie heraus, welche Ereignisse (Events) bei Ihren Kunden für den Einsatz, Betrieb, Service und die Weiterentwicklung Ihrer Produkts bzw. Dienstleistung wichtig sind. Wie können diese als Daten digital erfasst sowie bei Ihnen ausgewertet und eingesetzt werden?

▶ Nutzen Sie diese Events in „Echtzeit": Im Vordergrund steht die sofortige Auswertung der Daten. Dabei müssen besondere Ereignisse erkannt und herausgefiltert werden, um im Vergleich mit bestehenden Mustern daraufhin definierte Aktionen auslösen zu können.

▶ Passen Sie Ihr Geschäftsmodell an: Verändern Sie die Prozesse und Angebote Ihres Unternehmens, so dass Sie die erfassten Events mit gewinnbringenden Leistungen hinterlegen können

▶ Bedenken Sie: Ihr Wissen und Ihre Einstellung zur Digitalisierung entscheidet. Die technologische Umsetzung und der soziale Wandel sind ein langer Weg, den Sie gehen müssen, um Ihr Unternehmen in eine der sieben möglichen und hier im Buch beschriebenen Richtungen weiter zu entwickeln.

▶ Digitalisierung, wie auch jede andere erfolgreiche Entwicklung zuvor, geht vom Geschäftsführer / Inhaber aus: Seien Sie Initiator und Förderer der Digitalisierung im Unternehmen.

„Technischer Fortschritt, vor allem bei digitalen Technologien, löst eine beispiellose Umverteilung von Vermögen und Einkommen aus. Digitale Technik kann wertvolle Ideen, Erkenntnisse und Innovationen zu äußerst niedrigen Kosten replizieren. Das schafft Reichtum für die Gesellschaft und Vermögen für Innovatoren, verringert aber die Nachfrage nach zuvor bedeutsamen Arten von Arbeit, was zur Folge haben kann, dass viele Menschen weniger verdienen".

(Quelle: Brynjolfsson und McAfee „2015", S. 156)

„Der Grad der Digitalisierung ist in mittelständischen Unternehmen bei weitem nicht so hoch, wie man ihn aufgrund der öffentlichen Debatte hätte erwarten können. Rund ein Drittel der KMU befindet sich bisher noch in einem Grundstadium der Digitalisierung. Vorreiter, d. h. Unternehmen, die bereits auf digitale Produkte und Dienstleistungen, Apps. oder Industrie 4.0 setzen, stellen mit knapp einem Fünftel noch eine Minderheit dar."

(Quelle: Dr. Volker Zimmermann „KFW Research: Digitalisierung im Mittelstand: Status Quo, aktuelle Entwicklungen und Herausforderungen" August 2016, S. 1)

Beispiel: Digitalisierung im Heizungsbau

Wenn einem Unternehmen die Heizung ausfällt, so ist das sehr ärgerlich. Im Winter können so Leitungen platzen und ein ganzes Gebäude unbrauchbar werden. Wie erkennt man die Schadensursache rechtzeitig?

Herkömmlich: der Eigentümer oder Geschäftsführer „spürt etwas", oder es gibt einen Wachdienst ggf. Hausmeister, der sensibel genug arbeitet. Der Heizungsbauer hat vielleicht einen Notdienst eingerichtet, stellt zwischenzeitlich mit Elektro-Heizkörpern sicher, dass die Temperatur nicht zu weit sinkt. Über die notwendigen Teile verfügt er innerhalb von 24 – 48 Stunden und repariert. Glück gehabt.

Doch es geht das auch sicherer. Wenn heute ein Fehler auftritt, so wird eine moderne Heizung das durch Sensoren erkennen. Ein Schadensprotokoll kann dann via Internet an den Hersteller gesendet werden. Der übernimmt die Ferndiagnose und Fehlereingrenzung. Er entsendet sofort einen Servicetechniker mit den entsprechenden Werkzeugen und Austauschteilen. Dieser hat einen gesonderten Zugang zum Heizkessel und repariert den Schaden bevor es ein Mensch spüren wird: Der Ausfall wird nicht erst durch eine merkliche Abkühlung erkannt. Keine geborstene Rohre, kein Wasserschaden, kein Ausfall von Arbeitszeiten in den Folgetagen.

Was ist dabei das Wichtige? Sensoren erfassen Zustände. Abweichungen werden ermittelt und als Event in Echtzeit weiter geleitet. Reparatur, Wartung, Service werden daraufhin ausgelöst. Das Kundenbedürfnis nach unversehrten und warmen Räumen kann nach Reparatur schnellst möglich wieder befriedigt werden.

Doch es wird nur ein zufriedener Kunde sein, wenn neben dem Service auch die Kommunikation stimmt. Ohne umfassende Informationen und abgestimmte Benachrichtigungen kann es an unterschiedlichen Stellen zu Verwirrungen und Fehlhandlungen kommen. Das gilt es im Vorfeld herauszufinden und entsprechend zu berücksichtigen. Eine Möglichkeit könnte so aussehen: Die erste SMS oder E-Mail vom Hersteller wird an den Geschäftsführer des Unternehmens mit der kaputten Heizung unverzüglich nach dem Entdecken des Fehlers gesendet. Eine weitere Nachricht informiert über den Zeitpunkt der Arbeit. Eine dritte Nachricht könnte nach der Besichtigung des Schadens vor Ort gesendet werden und abschließend die vierte Nachricht nach Ausführung der Arbeit.

▶ Die Verfügbarkeit von aktuellen Daten ermöglicht einen besseren Überblick über Kundenbedürfnisse, begünstigt schnelle und fundierte Entscheidungen und sichert so neue Marktchancen.

Worin liegen diese Marktchancen im geschilderten Fall? Es gibt unterschiedliche Ansätze. Der mittelständische Hersteller von Heizungen kann einen besseren Service bieten und wird das Gerät auch nach dem Verkauf an den Kunden weiter im Blick behalten. Das gibt einen nie zuvor gewonnenen Einblick über die tatsächliche Beanspruchung der Brenner, Pumpen, Kessel, Maschinen und Produkte und bringt damit Vorteile bei der Weiterentwicklung der Geräte. Es erlaubt aber noch eine andere Betrachtung: Mehrere regionale Installateure können als Dienstleister des Herstellers geschult werden und ein neues Geschäftsfeld mit gesicherten Aufträgen aufbauen. Hier werden die ausgewerteten Daten dem jeweiligen Installateur weitergeben und er wird dann als Servicepartner die Instandsetzung sowie Wartungsarbeiten ausführen. Eine weitere Möglichkeit: Eine externe Agentur könnte für die Überwachung der Geräte und Koordination des Service zwischengeschaltet werden, das wäre dann ein Geschäftsmodell, wie es in der analogen Welt kaum vorstellbar war. Das bietet auch für die spätere

Werbung ungeahnte Chancen: „Wärme und Zufriedenheit für 20 Jahre garantiert", könnte z.B. der Slogan heißen. Mögliche Schäden bleiben gering oder werden rechtzeitig erkannt, Kundenbedürfnisse werden umfassend befriedigt und im Geschäftsmodell sind die Kosten bereits in der monatlichen Nutzungspauschale gut abbild- und umsetzbar.

Des Weiteren könnte es sogar so weit gehen, dass Heizungen weder das Eigentum des Nutzers werden muss oder zwangsläufig dem Eigentümer des Hauses gehören. Wärme wird vielmehr als Service angeboten. Die abgenommene Wärmeleistung wird durch monatliche Zahlungen beglichen. Das könnte sich auf die Liquidität des Nutzers sehr gut auswirken. Doch das ist nur eine von vielen Möglichkeiten und zeigt, wie die Digitalisierung von Produkten und Leistungen den Markt verändern wird. Wichtig ist, dass Sie Ihren Weg finden und konsequent begehen.

Bei der Digitalisierung ist oberste Prämisse, dass Besonderheiten und individuelle Ausrichtung des Unternehmens im Zusammenhang mit der Entwicklung und der Historie zu betrachten sind. Während der Mittelstandgespräche in Berlin Charlottenburg-Wilmersdorf im Juli 2016 in der KPM (Königlichen Porzellan Manufaktur) sagte dazu Michael Müller, regierender Bürgermeister von Berlin: „Unternehmen die ihre Vergangenheit achten, haben auch eine Zukunft." Er belegte seine These mit aktuellen Beispielen, die auch aufzeigten, dass es dabei Brüche geben kann, die gemeistert werden müssen. Tradition und daraus resultierende Verpflichtungen helfen dabei.

Kapitel 2 ... Vom Wandel im Unternehmen

Bei meiner Recherche zum Buch konzentrierte ich mich auf die Gemeinsamkeit von Unternehmen. So war es mir möglich, letztendlich sieben Wege zu identifizieren, wie kleine und mittlere Unternehmen (KMU) sowie das Handwerk sich in digitalen Zeiten weiterentwickeln.

Digitalisierung ist ein Prozess. Er wird von Unternehmen zu Unternehmen zeitlich ungleich verlaufen. Ich gehe davon aus, dass es zwischen den Unternehmen eine unterschiedliche Einsatztiefe von digitalen Technologien geben wird. Bei der Wertschöpfung weist individuelle Durchdringungstiefen beim Einsatz digitaler Techniken auf. Das betrifft Datenerfassung genauso, wie Datenverarbeitung und Datenauswertung. Der Einsatz von durchweg vernetzten Technologien und darauf aufbauender Geschäftsmodelle ist für einige, jedoch nicht für alle Unternehmen von Interesse. Jedoch kommt an der intensiveren Erfassung und Verwendung von Daten niemand vorbei. Das betrifft herstellende und zuliefernde Betriebe, wie auch Manufakturen, Agenturen sowie Dienstleistungserbringer. Die Fähigkeit Daten strukturiert zu erfassen und zu verarbeiten, kennzeichnet alle Wege zum digitalen Mittelstand oder kurz gesagt zu „4.0".

Wirtschaftlichkeit und Effizienz

Die Wirtschaftlichkeit eines Unternehmens wird vom Verhalten der Menschen und Märkte sowie dem Staat und den landesspezifischen Regulierungen stark beeinflusst. Darüber hinaus gibt es Faktoren, die Sie selbst gestalten und mit denen Sie den Unternehmenserfolg bewusst und nachhaltig beeinflussen:

▶ Strukturen im Unternehmen inkl. dem Geschäftsmodell

▶ Kommunikation mit allen Stakeholdern (= in die Arbeit eingebundene sowie die Arbeit beeinflussenden Personen)

▶ Mitarbeiter-Motivation und unternehmerische Anreize

▶ Interaktion in alltäglichen Prozessen (Abstimmung, Bericht und Freigabewege).

So schnell und viel wie heute kommunizierten Menschen noch nie. Kommunikation zu Hause, im Unternehmen und im globalen Maßstab gibt es dabei nicht nur zwischen Menschen. Auch Maschinen kommunizieren miteinander und es gibt sogar den Austausch zwischen Mensch und Maschine. Damit veränderte sich aber auch die Notwendigkeit schnelle und vor allem richtige Entscheidungen zu treffen. Ermöglicht wird das durch die sich schnell verbreitenden modernen Technologien, wie das Internet Protokoll (IP) und die Mobilfunktechnik. Ermöglicht und gestützt wird dadurch eine ortsunabhängige, dezentrale Datenverarbeitung in Rechenzentren – den „Cloud" Servern.

Zusammenfassung „Digitalisierung im Mittelstand"

Digitalisierung im Unternehmen:

▶ Sie haben erfahren, dass die Kundenbedürfnisse schneller und umfassender erfasst werden können. Damit sind Sie in der Lage, Ihre Leistungen und Produkte besser an die Bedürfnisse von Kunden anzupassen und sie schneller umzusetzen. Mit individueller und zeitnaher Leistungserbringung steigt die Kundenzufriedenheit und damit Ihre Erfolgs- und Gewinnchancen.

▶ Um das zu erreichen, müssen alle Prozesse digitalisiert sein. Des weiteren werden in Echtzeit Daten erhoben, bewertet und verarbeitet. Daraus entstehen Handlungsoptionen und direkte

Reaktionen – das bildet den technischen Kern des „Mittelstands 4.0". Zur Ressourcenplanung nutzen Sie ein rechnergestütztes ERP-System und setzen auf vernetzte Prozesse in der Produktion bzw. Serviceerbringung.

▶ Ziel ist es, auch in Zukunft Gewinne zu erwirtschaften und dabei die anfallenden körperlichen Arbeiten zu erleichtern, Routinen zu automatisieren und Kundenbedürfnisse individuell zu erfüllen – wann und wo immer sie entstehen. Darüber hinaus werden Maschinen in einem immer größer werdenden Rahmen eigene Entscheidungen treffen können, bis hin zur selbstständig organisierten Produktion und anschließender Logistik. Die Menschen, die in diesen Prozessen mitwirken, müssen informiert, entsprechend geschult und weitergebildet werden.

Ich schlage vor, Sie gönnen sich nun eine Pause, eh Sie mich zum nächsten Abschnitt begleiten. Erfahren Sie, wie sich die „sieben Wege" definieren und was sie beinhalten, worin die Chancen liegen und welche Unterschiede die Wege aufweisen.

Warum nur sieben Wege?

In vielen Gesprächen mit Unternehmensleitern, Handwerkern und Angestellten sowie Beratern konnte ich erst einmal vier grundverschiedene Wege herausfiltern. Diese definierte ich zunächst. Die ersten die dezidiert herausgearbeitet waren, betreffen Anwender von mit dem Internet verbundene Maschinen, Nutzer mobiler Assistenzsysteme, Zulieferer der Industrie und Hersteller mit vernetzter Produktion. Beim Verproben und beispielhaften Anwenden zeigte sich jedoch sehr bald, dass eine Erweiterung notwendig ist. Mit Kollegen und Kolleginnen im BVMW (Bundesverband mittelständische Wirtschaft), mit Beratern und Beraterinnen in der Offensive Mittelstand sowie im Verbund Beratender Unternehmer beriet ich mich. Darauf hin analysierte ich die unterschiedlichen Wege und die damit verbundenen Strategien erneut. Des Weiteren glich ich sie mit den vorherrschenden Branchen, typischen Unternehmensgrößen und Geschäftsmodellen der kleinen und mittleren Unternehmen sowie des Handwerks ab. Dabei stellten sich mir folgende Gruppen mit spezifischen Besonderheiten und gegenseitigen Abgrenzungen aber auch vielen Gemeinsamkeiten dar: Händler, Handwerker, Dienstleister, Agentur/Praxis/Kanzlei, Zulieferer, Produzenten/Hersteller, Familienunternehmen. Daraus konnte ich einzelne Gruppen extrahieren, deren Entwicklungswege als „eigenständig" bezeichnet werden müssen. Die daraus resultierenden beschreibe ich nachfolgend noch sehr viel ausführlicher. Die grundlegende Unterteilung haben sie ja schon erfahren. Hier stelle ich sie noch einmal in Kurzform vor, damit Sie Ihren eigenen Weg leichter herauskristallisieren werden:

Dienstleister und Händler:

1. Anwender von Assistenzsystemen, die Echtzeitdaten aus der Umgebung erfassen und über das Internet auf eigene Server oder gemietete Internetplattformen versenden, um mit gesichertem Wissen zu vergleichen. Daraus entstehen Anweisungen sowie entsprechend hilfreiche Informationen, die unmittelbar auf das mobile Gerät zurück gesendet werden.

2. Dann kommt das weite Feld des Internet of Service. Hier werden aktuelle Daten ausgewertet und daraufhin vereinbarte Dienstleistungen erbracht.

3. Berater, Agenturen und IT Dienstleister. Sie informieren, beraten und setzen um. Durch eigene Forschungsarbeit bzw. in Zusammenarbeit mit Forschungseinrichtungen, der führenden Industrie und den politischen Gremien, sorgen sie für Informationen und externes Wissen zur Umsetzung von Technologie, Kommunikation und sozialer Maßnahmen in den Unternehmen des Einzelhandels, Handwerks, Mittelstands bis hin zur Industrie.

Produzierendes und verarbeitendes Gewerbe:

4. Anwender von IoT-Maschinen, also von Maschinen und Geräten, die über das Internet mit dem Hersteller verbunden sind.

5. Wertschöpfung als Lieferant / Zulieferer / Komponentenlieferant, die „fit für Industrie 4.0" sein müssen. Sie übernehmen Daten aus der fortschrittlichen Industrie und werden daraus Lieferung ab „Losgröße Eins" realisieren.

6. Hersteller und Betreiber von Cyber-physischen Systemen (CPS). Das sind Maschinen, Geräte, Teile, Gegenstände bis hin zu Kleidungsstücken mit Sensoren, Display, Kamera oder ähnliches Daten zu erheben und der Möglichkeit diese über das Internet Protokoll Daten zu versenden. Diese Dinge sind auch bekannt durch die Formulierung „Internet der Dinge" oder „Internet of Things" (IoT).

7. Unternehmen mit komplett vernetztem Herstellungsprozess. Hier kommen Cyber-physische Produktionssysteme (CPPS) zum Einsatz. Die sind ebenfalls über den Begriff „Smart Factory" und „vernetzte Produktion" bekannt geworden. Die höchste Stufe der Integration von unterschiedlichen Technologien, mit weitgehender Autonomie der Fertigung.

Definition: Sieben Wege zum Mittelstand 4.0

1. Assistenzsysteme = Dienstleister und Serviceanbieter kommunizieren zu Arbeitsaufträgen bzw. erhalten Informationen und Handlungsanweisungen in Auswertung von Ort / Zeit, QR-Code, Eingaben auf dem Display oder in Verbindung mit momentanen Bild und Videoaufnahmen. Assistenzsysteme stehen in Verbindung mit einer Internetplattform. (Dies betrifft z.B. Bauhandwerker mit App. für Erkennung von Verbrauchsmittel und Hinweise zum persönlichen Schutz; KFZ Mechatroniker mit digitaler Technik zur Fehlersuche; Hausmeisterservice mit App. zur Aufgabenübermittlung, Arbeitserfassung und Abrechnung; Restaurant mit Bestell App. auf Smart Phone; Qualitäts-Kontrollstationen in der Produktion, ... u.v.m.)

2. Internet of Service (IoS) = Daten werden erhoben oder eingekauft, um sie auszuwerten und entsprechende Service- bzw. Dienstleistungen zu erbringen. (z.B. Heizungsbauer mit Fehler-Montitoring; Pflegestationen mit Patientenmonitoring; Anbieter für Spiele, Musik, Service- und Dienstevermittlung ... u.v.m.)

3. IT/IKT-Dienstleister, Wissensarbeiter*innen, Institute = Hier werden Strategien für den digitalen Wandel erarbeitet, technische Voraussetzungen geschaffen und für Kunden umgesetzt und im anschließenden Arbeitsalltag des Unternehmens begleitet.

4. IoT-Anwender = Produktions- oder Dienstleistungsunternehmen mit Einsatz einer sensor-behafteten Maschine, die mit dem Internet verbunden ist und Daten an den Hersteller übermittelt (In dieser Gruppe finden unterschiedliche Anbieter Ihren Platz: z.B. Lohnfertigung mit digitaler CNC Fräse, Abfüllanlage, Umschlagplatz mit digitaler Krananlage, Raumpflege mit digitaler Putzmaschine ... usw.)

5. Hersteller von IoT-Geräten = Hersteller von Geräten in denen Sensoren Daten erfassen und mittels Übertragungsfunktionen senden – gleichzeitig kann das Unternehmen auch der Empfänger der Daten sein und als Betreiber der CPS aktiv sein. (z.B. Hersteller von Geräten, Maschinen oder eigenständigen Maschinenkomponenten, die auch den Vertrieb und ggf. Service selbst organisieren

6. Lieferant „fit für Industrie 4.0" = Übernahme von Daten aus der vernetzten Industrie die der Produktion des Unternehmens zu Grunde liegen. Konstruktion, Ressourcenplanung sowie Logistik sind ebenfalls digital vernetzt (Lieferanten von technischen Komponenten für Maschinenbau, Automotive, Luftfahrt, Prozessindustrie ... u.v.w.)

7. Herstellung unter Einsatz von CPPS = Unternehmen mit komplett vernetzter Produktion sowie Unternehmen die IoT-Geräte oder Gegenstände herstellen. Das Besondere am Einsatz des CPPS

ist die komplette Vernetzung, die eine Selbststeuerung der Fertigungsprozesse ermöglicht. (Hersteller von Geräten und Komponenten sowie Prozesstechnologie – Pharma, Chemie, Kunststoffe; Logistiker, Druckereien ... u.v.w.)

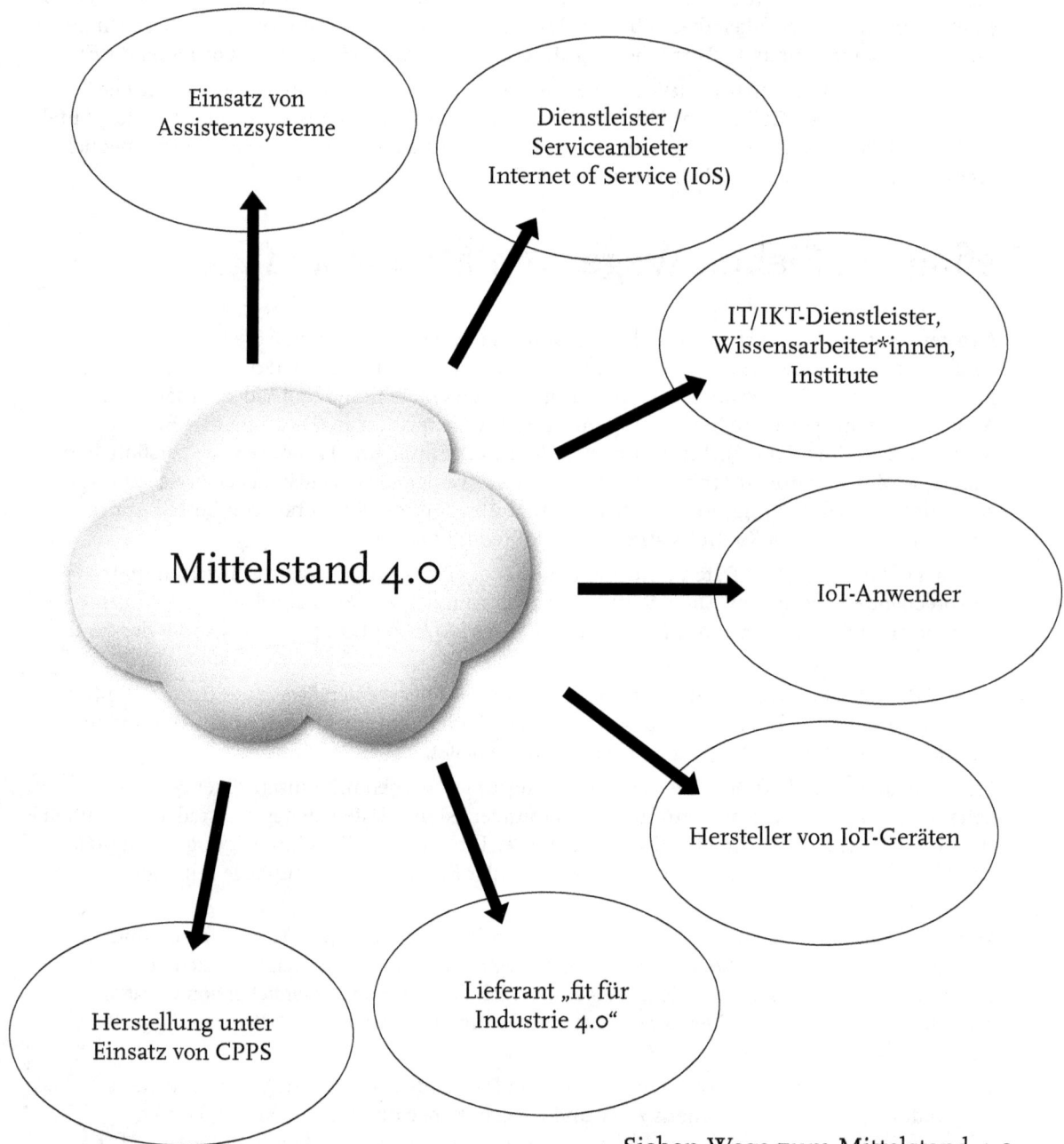

Einsatz von
Assistenzsysteme

Dienstleister /
Serviceanbieter
Internet of Service (IoS)

IT/IKT-Dienstleister,
Wissensarbeiter*innen,
Institute

Mittelstand 4.0

IoT-Anwender

Hersteller von IoT-Geräten

Herstellung unter
Einsatz von CPPS

Lieferant „fit für
Industrie 4.0"

Sieben Wege zum Mittelstand 4.0

Kapitel 3 ... Vier Null – Wohin geht die Reise?

Vier Null! Sportfreunde unter Ihnen fragen sich bei diesem spektakulären Ziffern, ob sie etwa ein wichtiges Spiel ihrer Mannschaft verpasst haben. Andere ahnen nach dem Lesen der Einführung, dass mit Vier Null bisher unvorstellbare Veränderungen der Arbeitswelt – mit politischen Einflüssen und sogar gesamtgesellschaftlichen Auswirkungen – umschrieben werden. Es ist nicht schlimm, wenn Sie noch nicht wissen, „wohin Ihre Reise" dabei geht. Denn ich skizziere Ihnen jetzt eine „Reiseroute", wie sie für die Digitalisierung von Unternehmen typisch ist.

Bei Vorträgen, bei Workshops und in Seminaren sehe ich immer wieder zögernde Unternehmer und Unternehmerinnen. Bei dem Gespräch über die Gründe des Zögerns fallen immer wieder die gleichen Fragen: „Bin ich nicht zu alt dafür? Bisher bin ich gut gefahren, bleibt das besser für meine Nachfolger? Weiß ich wo das hingeht? Kommt morgen was „Neues", dass ich am Besten auch gleich noch machen muss? Wie soll ich investieren, wenn es noch keine bewährten Technologien gibt?"

Das war Grund genug für mich, mir selbst viele Fragen zustellen. Nachdem ich die wichtigen von den weniger relevanten getrennt habe, finden Sie hier meine Auswahl:

▶ Was hat das ständig verfügbare Internet bereits im Denken und Handeln Ihrer Kunden aber auch Ihrer Mitarbeiter verändert? Welchen Druck übt das auf Sie aus?

▶ Wie viel Individualität und Verfügbarkeit wünschen sich Ihre bisherigen Kunden?

▶ Was können Sie heute noch tun, um Ihre Kunden nicht zu verlieren?

▶ Gilt gleicher Änderungswunsch auch für Ihre Mitarbeiter und künftigen Fachkräfte und was unternehmen Sie, um die Innovativen zu halten?

▶ Wie stark verändern oder gefährden neue, in Ihre Heimatmärkte drängende Anbieter der New Economy oder der Industrie, Ihre bisherigen Geschäftserfolge?

▶ Wie sollen Sie reagieren, um wieder das Steuer des Handelns in die Hand zu bekommen?

▶ Welche Risiken liegen im Zögern?

Damit Sie klare Entscheidungen treffen können, habe ich Ihnen bereits die Ziele der „Sieben Wege" benannt. Damit Sie wissen, wie diese Ziele erreicht werden können, sollen nun die „Etappen" folgen. Ich benenne Chancen und Risiken, die mit Vier Null-Technologien im Mittelstand in Verbindung stehen. Im weiteren Verlauf des Buchs erfahren Sie alles Wissens notwendige über veränderte Geschäftsmodelle und Geschäftsprozesse. Damit verfügen Sie über einen abgerundeten Blick auf das Neue und die Änderungen, die sich durch das Internet für Ihren Erfolg ergeben.

Natürlich ist mir klar, dass nicht jeder „Vier Null-Fan" wird. Mir geht es nicht darum, Skeptiker zu bekehren oder „Jünger" zu formen. Doch auf jedes Unternehmen warten herausfordernde Anstrengungen. Für Sie heißt es heute, „die Augen öffnen und die Herausforderungen rechtzeitig erkennen".

Ihre ersten Schritte heißen:

Die eigene digitale Kompetenz aufbauen, Klarheit über Entwicklungsweg und Geschäftsmodell finden, zielgerichtet Planen und konsequent Umsetzen.

Überall und zu allen Zeiten jedoch wird es um die digitale Transformation und Weiterentwicklung des Business gehen. Das wird Sie beim Kauf der nächsten Maschine genauso beschäftigen, wie bei der Überlegung, wie Sie mit Ihren Kunden schneller und vor allem besser kommunizieren können. Keine Angst , gehen Sie mit Zuversicht auf Erfolgskurs, jedoch auch mit Wachsamkeit für potentielle Gefahren!

Wissenswertes über „4.0"

„Die Menschen werden es bald überdrüssig sein, jeden Abend in die Röhre zu starren!",

Darryl Zanuck, Vizepräsident von 20th Century Fox, 1946

„Versandhandel: Theoretisch machbar, jedoch ein Flop bei der Durchsetzung",

TIME Magazine 1966

„In zwei Jahren wird das Spam-Problem behoben sein.",

Bill Gates 2004

„In fünf Jahren wird es keinen Grund mehr geben, ein Tablet-PC zu besitzen!",

Thorsten Heins 2013 Geschäftsführer von Blackberry

Mit dem Spiel „Pokémon Go" startete 2016 eine neue Welle von Technologie-Anwendungen als Kinderspielzeug. Im IT-Jargon nennt man es auch „Augmented Reality", bei der virtuelle Objekte mittels Smart Phone und Tablet in die reale Umgebung des Echtzeit-Kamerabildes eingeblendet werden. Hier erwacht nicht nur das Potential für spielverrückte Teenies, sondern ein riesiger neuer Markt für Dienstleistung und Service.

Bitte fragen Sie sich, was das für Ihre Techniker, für Ihre Mitarbeiter, aber auch für Ihr Angebot heißen kann. Was kann auf eine Zeit- und Standortauswertung mit gleichzeitiger Videoaufnahme der Umgebung folgen? Was könnten Sie dadurch für einen Vorteil erlangen, wenn die Daten von Ihnen ausgewählt werden und auf einmal eine zusätzliche Information für den Bediener zur Verfügung steht? Sie dürfen viel weiter denken, als das nur virtuelle Spielfiguren übertragen werden können. Wie wäre es, wenn der Blick durch das Smart Phone / bzw. den Tablet-PC mit dem Einblenden von Schaltplänen, Handlungshinweisen, Maschinen- oder Servicehistorien sowie Bestellformularen mit Eingabefeldern ... einen absoluten Mehrwert für jeden Außendienstmitarbeiter, Servicetechniker, Handwerker, Pflegepersonal, Maschinenschlosser, Wartungstechniker, Rettungssanitäter und Feuerwehrmann usw. usw. bieten könnte?

Die Grundlage dafür sind Handlungsanweisungen und eine Bewegtbilderkennung. Die Ereignisse auf den Bildern (= Event bezogene Daten) müssen erkannt werden und in Auswertung die entsprechenden Einblendungen starten. Die Kameraerkennung kann über das Auslesen eines Barcodes getriggert (gesteuert) werden oder durch Erkennen und Vergleichen von Konturen der abgebildeten Objekte mit gespeicherten „Schablonen-Bildern" – doch es werden immer Daten sein, die zur wichtigen Währung, ja sogar zum Handelsgut, in Wirtschaft und Gesellschaft aufsteigen. Ist das für Sie interessant, so beginnen Sie mit dem Formulieren von „Wenn – Dann-Verknüpfungen" (Wenn „dieses Bild" erkannt wird, dann könnte „folgendes" eingeblendet werden) und erweitern Sie Ihre Produkte, Leistungen, Service.

Schon heute bilden Zahlen und deren Deutungen die Grundlage eines jeden Systems. Doch was schaffen Sie im Mittelstand und Handwerk daraus? Ich will es optimistisch formulieren: Sie werden Daten erheben, bewerten und einsetzen, um die Selbstbestimmung des menschlichen Anwenders zu ermöglichen oder erweitern bzw. im technischen Umfeld die Selbststeuerung von Abläufen bis hin zur kompletten Fertigung aufbauen. Meinen Sie, das ist Science Fiction? Mit Industrie 4.0 Technologien wurde es bereits im großen Massstab ins Leben überführt. Mehrere kleinere Unternehmen folgten dem bereits. Die Zeit der digitalen Veränderung läuft bereits und selbst Kinderspiele bedienen sich dieser Technologie ... Sehen wir es positiv: dadurch wird Akzeptanz in breiten Schichten der Bevölkerung geschaffen und Besorgnis abgebaut. Ich glaube, der Trick könnte auch von Ihnen kommen, oder?

Ich will das Wort „Selbstbestimmung" noch etwas weiter ausführen. Es sind drei Dinge notwendig: verifiziertes Wissen um Abläufe und optische Muster, ein System, das die „Abbildung der direkten Wirklichkeit" aufnimmt sowie die digitale Auswertung mittels Algorithmen. Ein Algorithmus ist eine eindeutige Handlungsvorschrift zur Lösung eines Problems oder einer Klasse von Problemen. (Quelle: https://de.m.wikipedia.org/wiki/Algorithmus). Lassen Sie mich für das Ergebnis den Begriff „Echtzeitdaten" wählen. Weitere Echtzeitdaten werden durch diverse Sensoren bzw. Displayeingaben sowie Kameras erfasst und mittels Internet Protocol (IP) zur Bearbeitung an ein „Rechenzentrum" übermittelt, sie tragen einen eindeutigen Zeitstempel um Zusammenhänge im Verglich mit vergangenen und zukünftigen Ereignissen herstellen zu können. Dieser Wust an Daten muss ausgewertet werden um markante Ereignisse (Events) zu finden. Anhand von Algorithmen werden daraus für Mensch, Maschine, Logistik oder andere definierte „Ausführende" eine klare Anweisung oder eindeutige Optionen für eine dezentrale Entscheidung errechnet und bereitgestellt. Das Zeitverzögerungen hier nicht erwünscht sind, versteht sich von alleine. Wenn ich von einem Wust an Daten spreche, dann will ich Ihnen eine kurze Vorstellung davon geben: Ein Sensor einer Drehmaschine der Vibrationen einer Achse aufnimmt, kann 10.000 Impulse je Sekunde liefern. Jeder einzelne muss mit dem zum gleichen Zeitpunkt anliegenden Energieverbrauch sowie der exakten Bewegung des Werkzeugs verglichen werden, damit Abnutzungen des Werkzeugs erkannt werden und ein optimaler Wechsel stattfinden kann, ohne die Qualität eines zu fertigenden Präzisionswerkstücks zu gefährden.

Wollen Sie sich an eine konkrete Umsetzung wagen? Dann beantworten Sie bitte folgende Fragen:

▶ Was ist ein Vorteil für den Kunden / wie befriedige ich ein Kundenbedürfnis?

▶ Welche Ereignisse sollen dazu erfasst werden?

▶ Wie wird auf ein Event reagiert (Entscheidungshilfen, Anweisungen oder Service)?

Das vertiefe ich noch einmal in späteren Kapiteln – so dass Sie die richtigen Antworten auf die Ihr Unternehmen betreffende Fragen finden werden. Warum? Ich will Ihnen aufzeigen, dass es um viel mehr geht als ein Gerät, einen PC, eine Internetseite oder eine App, um zukünftig viel gezielter Leistung zu erbringen. Damit für Ihre Kunden alles so einfach wie möglich wird, erstreckt sich die digitale Bearbeitung über eine „Armada" von technischen Geräten, Servern und Kommunikationskanälen, die zusammenwirken. Auch will ich Ihr Verständnis dafür öffnen, dass Sie diese nicht mehr kaufen und in Ihrem Serverschrank beherbergen müssen, sondern nur den Service, den Sie auch benötigen, mieten. Das ist vielleicht noch ein ungewohntes Denken. Doch Verfügbarkeit, Sicherheit und Datenschutz ist in darauf spezialisierten Rechenzentren weit aus zuverlässiger und kostengünstiger zu gewährleisten, als Sie es selbst schaffen. So schön ein eigener Server für die E-Mail und die Dokumentenverwaltungssysteme ist, viele Anwendungen werden sinnvoller kostengünstiger und sicherer durch Auslagerung. Dafür wird die Sie begleitende IT-Beratung Ihnen entsprechende Vorschläge unterbreiten können und Vorteile sowie Risiken gegenüberstellen. Dem Endanwender ist es meist egal, wo der Server steht (IT- und Datensicherheit vorausgesetzt), Hauptsache ist, sein Bedarf wird schnellstmöglich erfasst und bestmöglich erfüllt und die Daten sind sicher.

Digitale Transformation

Digitale Transformation heißt: Überführen von analogen Vorgängen in digitale Prozesse. Es kann aber auch bedeuten: weg vom Produktfeature und hin zur Nutzerorientierung. Produkte und Angebote von Dienstleistungen sowie Service auf Grundlage von Onlinebestellungen und Echtzeit-Events werden immer wichtiger und die entscheidende Ergänzung zum Produkt. Hin zur wechselseitigen Kommunikation mit Mensch und Maschine. Das kann auch bedeuten, dass SAP-Systeme der Industrie bei Ihnen Abrufe tätigen oder Bestellungen auslösen und nach einer automatischen Prüfung die Fertigung oder Dienstleistung startet. Echtzeit-Events sind erkannte Ereignisse, die Ihrem Unternehmen die Chance bieten, gewinnbringend tätig zu werden.

Fast jedes Produkt trägt es in sich, dass es zu einem Serviceangebot werden kann. Das zu Beginn aufgezeigte Beispiel zeigte es ja schon. „Warum soll man einen Heizungskessel kaufen, wenn man doch eigentlich nur eine definierte Menge an Wärme braucht, um Räume zu temperieren?" Bei Immobilien ist es schon lange der Fall, dass man Räume, Häuser oder Hallen auf Zeit oder Dauer anmietet – sogar mit dem entsprechenden Mobiliar. Im Personalbereich ist es auch nicht ungewöhnlich, das Zeitarbeitsunternehmen den Mitarbeiterbedarf temporär aufstocken und in der IT ist es für viele Unternehmen nicht mehr wegzudenken, dass Rechenleistung und Infrastruktur bei einem deutschen oder europäischen Provider gemietet werden. Immer geht es um die eigene Flexibilität und Entlastung Ihres Kreditrahmen. Genau so könnte das auch mit anderen beweglichen und unbeweglichen technischen Gegenständen der Fall sein, die Sie heute noch als Produkte vertreiben.

Weitere Beispiel des Wandels durch Digitalisierung

Das Digitalisierung sehr erfolgreich sein kann, zeigen viele aktuelle Bespiele. So existieren bereits Plattformen für Miete oder Nutzung von Film, Musik, Mobilität (Carsharing) oder die seit langem als „Kollegenhilfe" benannte Bereitstellung von Maschinenstunden.

Denkimpulse 4.0

4.0 ... es geht um den arbeitstätigen Menschen, um den Ersatz von Routinen sowie eine komfortable technische Unterstützung bei körperlicher und geistiger Arbeit.

▶ Bei 4.0 steht die Autonomie von Entscheidungen im Mittelpunkt. Damit verbunden ist die Erhöhung der Wertschöpfung und des erzielten Gewinns im Unternehmen.

▶ Loyalität, Teamarbeit und emotionales Engagement aller Mitarbeiter bleiben in Dienstleistung und Produktion weiterhin unverzichtbare Erfolgsfaktoren für das Unternehmen.

▶ Nach Analyse von Produkte und Leistungen sowie dem Hinterfragen der Kundenbedürfnisse lassen sich neue digitale Geschäftsmodelle erarbeiten und umsetzen.

▶ Nur wenn Klarheit über die Entwicklungsrichtung geschaffen wurde, kann eine konsequente Umsetzung erfolgen.

Den Transformationsprozess einleiten

Für weitere Anstöße, dieses Buch zu schreiben, sorgten bei mir zahlreiche Studien und Initiativen der Bundesministerien. Den entscheidenden fand ich dann Ende 2015 in der Computerwoche: „10 Thesen zur Digitalisierung".

(Quelle: http://www.computerwoche.de/g/10-thesen-zur-digitalisierung,106053 – leicht gekürzt). An einigen markanten Positionen möchte ich Sie gern teilhaben lassen.

▶ Digitale Transformation spaltet die Unternehmen in den kommenden Jahren in Gewinner und Verlierer.

▶ Viele deutsche Unternehmen haben erkannt: Digitale Transformation zieht weitreichende Änderungen nach sich. 42% davon haben eine Strategie zur Digitalisierung ihrer Geschäftsprozesse.

▶ Es besteht ein proportionaler Zusammenhang zwischen der digitalen Kompetenz von Inhaber/ Geschäftsführung und einer erfolgreichen Umsetzung im Unternehmen.

▶ IT-Abteilungen sind entscheidende Akteure bei Entwurf, Strategie und Umsetzung der digitalen Transformation. Allerdings braucht es weit mehr als eine IT-Abteilung.

▶ Die Kunden sind „Treiber" der digitalen Transformation.

- Rechenzentren bilden die Basis der Digitalisierung.
- Für eine zukunftssichere Infrastruktur sind Investitionen nötig.
- Sie betreffen weitaus mehr als nur IT-Infrastruktur und Rechenzentrum.
- Mehr als 80% der Unternehmen sagen, dass sie professionelle Partner brauchen.
- Gefragt sind hohe Kompetenz bei IT-Integration sowie Prozess- und Branchen-Know-how.

Mit jedem Schritt digitaler und effizienter

Mittelstand 4.0 ist kein Gesamtprodukt, das es von der Stange gibt. Gleiches gilt für jeden einzelnen der sieben benannten Wege. Nach dem ich die sieben Entwicklungswege eruiert, geprüft und definiert hatte, suchte ich nach allgemein gültigen Einzelschritten, an denen sich der Fortschritt auf dem Weg zum „Mittelstand 4.0" bemessen lässt. Wenn Sie das für Ihr Unternehmen betrachten, ist es klar, dass sie den Weg zum modernen, digitalen Unternehmen von genau dem Punkt aus antreten, an dem Sie heute stehen. Es ist durchaus möglich, dass Sie bereits erfolgreich den einen oder die ersten Schritte getan haben, jedoch ist es mir wichtig, dass sich auch all diejenigen unter meinen Lesern und Leserinnen wieder finden, die erst am Anfang stehen und sich zum ersten Mal mit der Digitalisierung beschäftigen.

Aus dem Privaten ins Unternehmen gebracht

Eine Vorreiterrolle nimmt, wie häufig im Mittelstand, der private Gebrauch von moderner Technik ein. So war es beim PC, der Nutzung des Internets und so ist es auch bei Smart Phone und Tablet PC – erst wenn eine größere Gruppe von Menschen eine „Breiten-Technologie" anwendet, zieht sie in die Arbeitsabläufe von Mittelständlern ein. Warum das so ist? Sie setzen auf erprobte Technologie und sparen sich den Kampf um Akzeptanz und verringern die Kosten für Weiterbildung. Was beinhaltet die erste Etappe? Die Digitalisierung von Kontakten und Terminen.

Bitte prüfen Sie, ob schon:

- Die Adresskartei digital vorliegt, Ihre Telefonnummern und Kontakte dementsprechend digital verwalten und ggf. auch mit anderen geteilt werden
- Ihre Kalender gemeinsam (über Google oder Ihren eigenen Server) gepflegt werden sowie Ihre Notizen online verfügbar sind. Nun folgt ein entscheidender Schritt der Digitalisierung im Unternehmen ...
- Die Vereinheitlichung und gemeinsame Ablage sowie
- Deren Einzug auf mobile Endgeräte (wie z.B. Smart Phone, Notebook, Tablet-PC)
- Das sind die Schritt zum ersten Etappenziel, mit dem die digitale Zukunft startet

Beachten Sie dabei:

- Die Trennung persönlicher von geschäftlichen Daten
- Einrichtung von unterschiedlichen Zugriffsberechtigungen
- Datenschutz und Schutz vor Datenmissbrauch

Das bedeutet technisch einwandfreie Einrichtung durch einen Systemadministrator, gesicherte Kanäle der Datenübermittlung, Schulung und Belehrung der Mitarbeiter und Mitarbeiterinnen im Umgang mit der Technik und den Daten sowie deren schriftliche aktenkundige Bestätigung.

Übung: Weiterentwicklung starten

Entwicklung heißt Veränderung die mit einer Verbesserung einhergeht. Daher fragen Sie sich bitte:

▶ Wie steht es um meine Produkte und meine Leistungsangebote? Was kann entweder ...
a) auf Zeit | b) nach Bedarf | c) auf Abruf ... angeboten werden, statt es nur einmalig zu verkaufen?

▶ Welche Vorteile würde das für den Kunden bringen?

▶ Welche (eventuell noch nicht erkannten) Bedürfnisse könnte das zusätzlich abdecken?

Dazu eine Übung mit praktischem Bezug auf Ihr Unternehmen: Sprengen Sie die Grenzen Ihres Denkens und erarbeiten Sie sich eine neue Vision! Nehmen Sie ein Produkt / eine Leistung aus Ihrem Portfolio:

Unser Produkt /
unsere Leistung:

Wie heißt das Kundenbedürfnis,
das wir damit befriedigen?

Neue und bestehende Kunden:
Wer könnte es ...

a) auf Zeit nutzen wollen?

b) bei Bedarf anmieten?

c) nur auf Abruf einsetzen wollen?

Welche Wege der Auswahl / Bestellung
muss es für den Interessierten geben?

Wie gelingt das Produkt / die Leistung
zum Kunden?

Wie setzt man es dort ein –
was kann abgerechnet werden?

Wie endet die Nutzung?

Herzlichen Glückwunsch, Sie sind auf dem Weg zu Ihrem neuen Geschäftsmodell! So arbeitet die heutigen Startup-Szene jeden Tag und versucht Ihnen Ihre angestammten Märkte streitig zu machen. Sie haben jedoch den Vorteil, Sie kennen Ihr Produkt und Ihre Leistung viel genauer. Und Sie können diese Produkte und Leistungen heute bereits selbst bereitstellen. Das können Startup Unternehmen von sich nicht behaupten. Nutzen Sie den Vorteil, solange er noch existiert!

Sie sagen mir jetzt sicherlich, dass es beim ersten Mal noch nicht so richtig funktionieren wollte. Die Ideen flossen noch nicht und das Ergebnis ist eher „kalter Kaffee"? Das überrascht mich nicht, denn das „Schnürsenkel binden" hat bei Ihnen – wie auch bei mir – ebenfalls mehr als einen Versuch benötigt, eh die Schuhe zuhielten und das Ergebnis ansehnlich wurde. Daher gebe ich Ihnen die Aufgabe: Gehen Sie diesen Weg nicht nur einmal, machen Sie sich daraus einen Spaß und definieren Sie jeden Tag ein neues Produkt aus Ihrem Alltag und stellen Sie sich die ungewöhnlichsten Möglichkeiten vor. Variieren Sie Produkte und Leistungen. Oder was meinen Sie, wie etwa kommen große Konzerne auf die Idee eine Fahr- oder Flug-Drohne zum Ausliefern von Paketen einsetzen zu wollen? Es ist mein fester Glaube, nur So werden Sie die Dienstleistungen und Produkte hervorbringen, die der Markt von Ihnen fordert und zukünftig immer stärker fordern wird. Investieren Sie Ihre Zeit und Ihr Potential für Ihre unternehmerische Zukunft.

Nun ist aber erst einmal eine kurze Pause dran. Danach geht's mit der persönlichen Bildung weiter.

Digitale Revolution oder Transformation?

Die Digitalisierung begann in den 1980er-Jahren und setzte sich mit der Verbreitung des Internets immer rasanter fort. Zunächst galt es, Prozesse und Arbeitsabfolgen zu erfassen und zu automatisieren sowie langwierige Routinearbeiten an einen PC weiterzugeben. Dann kamen Webseiten, Webshops, soziale Medien und es eröffneten sich weitere Wege des Austauschs. Spätestens mit der flächendeckenden Verbreitung des Smart Phone – und damit der mobilen Verfügbarkeit des Internet Protokolls – war die Digitalisierung auch im privaten Leben sowie den kleinen und mittleren Unternehmen und deren Mitarbeitern angekommen.

„Transformation" bedeutet Umsetzung auf ein anderes Niveau, bekannt aus der Elektrotechnik, wo z.B. mittels Transformatoren die verlustarm zu transportierende Hochspannung auf die haushaltsübliche Spannung für den Endverbraucher angepasst wird. Heute ist die Digitalisierung der Arbeit in der Großindustrie weitgehend umgesetzt, die meisten Prozesse werden digital gesteuert und deren Ergebnisse digital erfasst. Wie sieht es nun im Mittelstand aus? Ich fand unterschiedliche Fortschritte, von „abwarten" über „gestartet" bis hin zu bereits durchgängig produktiven wie kommunikativen Vernetzungen, sozusagen „fit für 4.0". Seit Beginn der 2010er-Jahre steht nun die digitale Transformation auf der Tagesordnung eines jeden Wirtschaftszweiges: Alle Prozesse, die es im Business gibt können digital abgebildet, überwacht und gesteuert werden.

Digitale Geschäftsmodelle und digitalisierte Prozesse sind aus dem Alltag des zeitgemäß, digital vernetzten Unternehmens nicht mehr wegzudenken. Für manch einen mag es heute noch eine Science Fiction-Szene sein, dass auf einem Kommunikationsgerät, wie dem Smart Phone, ein ganzes Unternehmen mit allen Feinheiten abgebildet ist und damit weitgehend gesteuert werden kann. Vernetzung ermöglicht Kontrolle, Steuerung und Optimierung. Sie kann über Unternehmensgrenzen, ja sogar über die Grenzen des Kontinents hinausgehen.

Moderne Informations- und Telekommunikationstechnik (ITK) basiert auf dem Internet Protocol (IP) und ermöglicht weitgehende Vernetzung, gestützt durch das Internet Protokoll, Mobilfunk und dezentrale Rechenzentren.

Sie haben Recht, wenn Sie jetzt an Kosten und Gefahren denken, an Situationen, wo die hohen Investitionen in IT-gestützte Technologie sowie drohende Cyberkriminalität den Horizont verdunkeln. Hier bieten Berater, Dienstleister, Sicherheitsexperten gute Lösungen an.

Nichts geht „von Null auf Gleich". Den Industrie 4.0 Technologie-Standard erreichen geht auf zweierlei Weise: Neubau auf der grünen Wiese oder schrittweise Transformation in einem Zeitraum von ca. drei bis sieben Jahren. Das gilt vorrangig für produzierende Unternehmen. Andere hier beschriebene Wege, gerade für Dienstleister oder für das Baugewerbe, erfahren viel schneller eine wirksame digitale Unterstützung.

4.0 ... steht der Mensch im Mittelpunkt?

Vielleicht entsteht nun der Gedanke, die Technik macht es allein und der Mensch bleibt zu Hause und legt die Beine hoch. In allen sieben Kategorien der digitalen Transformation im Mittelstand (zu denen wir in den nächsten Kapiteln ausgiebig kommen) dreht sich alles um die arbeitstätigen Menschen. Neben technischer und mechanischer Unterstützung bei der Arbeit geben die Technologien vor allem Vorgaben für Entscheidungen. Die Arbeit wird sich mit der Einführung neuer Technologien grundlegend verändern: Routinearbeit wird automatisiert, vordefinierte Entscheidungsoptionen stehen bereit, um Entscheidungen unverzüglich zu treffen.

Daraus ergibt sich neben der Weiterbildung die hohe Bedeutung eines Innovationsmanagements im Unternehmen. Wir sehen in den letzten Jahren einen starken und anwachsenden Fachkräftemangel und bei frisch ausgebildeten Arbeitskräften oftmals eine veränderte Einstellung zur Arbeit. Da hilft kein „früher wars besser", sondern Nachdenken über attraktive Veränderungen im Unternehmen, geeignete Maßnahmen zur Mitarbeiterbindung, Suche nach Fremdlösungen über Partnerunternehmen. Überdisziplinäres Arbeiten bedeutet, externe Fachleute und Experten werden mitarbeiten, die Prozesse der Zusammenarbeit werden sich ändern oder neu geschaffen. Nicht alles muss vom Unternehmens-Schreibtisch erledigt werden und die Personal- und Weisungsbefugnisse liegen nicht unbedingt mehr nur bei Ihnen als Unternehmensleiter. Wie stellen Sie sich darauf ein?

Und wie steht es um die Kundenseite? Man hat sich an die ständige Verfügbarkeit des Internets gewöhnt und setzt es für viele unterschiedliche Dinge ein, bei denen sich die Grenzen zwischen privaten und wirtschaftlichen Anwendungen immer stärker auflösen. Die Prozesse: Suchen, Vergleichen, Einkaufen und Bewerten sind zum Standard geworden – im Privaten wie im Unternehmen. Wir nutzen die Kommunikation zwischen Unternehmen und Verbraucher, moderierter Chat-Funktionen für den Wissensaustausch sowie das Arbeiten mit Wikis und ähnlicher Technologien zur Wissensspeicherung. Es sind alles Dinge, die im Mittelstand dringend benötigt werden. Das sind die Dinge, an denen Ihr Unternehmen, seine Leistungen und Produkte, heute schon gemessen wird. Natürlich gibt es auch Schattenseiten: Zum Beispiel werden soziale Medien wie Facebook oder Whats up genutzt um Dienstpläne abzustimmen, Informationen zum nächsten Einsatz/Objekt auszutauschen und im gleichen Chat die Absprache zum gemeinsamen abendlichen Grillen oder dem Treff zum Nachmittagskaffee getroffen. In größeren Unternehmen kommt es vor, dass über die gleichen Kanäle lustige Filme und ernsthafte Unternehmens-Präsentationen geteilt werden. Hier hilft nur Belehrung und konsequente Ahndung von Verstößen, es geht schließlich um Ihre Datensicherheit.

Aufgaben der Umsetzung

Weiterbildung, Schulung, Digital- und Führungskompetenz

Zu einem wichtigen Thema auf dem Weg zum Unternehmen 4.0 wird das „Wissen". Nicht nur das Allgemeinwissen sondern besonders fachliche Bildung und Weiterbildung – ein kontinuierliches, lebenslanges Lernen, das zum Teil sogar ein Umdenken unausweichlich macht. Für Sie lauten die Themen: moderative Zusammenarbeit, wertschätzende Führung und Kommunikation, Grundlagen kollaborativer Arbeit im Team, arbeitsteilige Prozesse. Für Ihre Mitarbeiter heißt es neue Techniken, Verfahren, Arbeitsweisen des Aufgabenmanagement, der Qualitätsgewährung und -prüfung sowie der Kundenbetreuung zu lernen. Dazu kommen ein tieferes Verstehen der Computerbedienung und Anlagensteuerung.

Es gilt für Sie als Unternehmer wie für alle Angestellten, „werden und bleiben Sie fit!". Nur dann können Sie die anstehenden Entwicklungen erkennen und gestalten. Besuchen Sie andere Unternehmen und lernen Sie die neuen Technologien kennen. Wer sind Ihre Lieferanten, was bieten sie Neues an? Lernen Sie deren Beweggründe dafür kennen und machen Sie diese für sich selbst nutzbar. Doch es gibt noch weitere „Wegweiser" und „Helfer". So haben bereits bundesweit die „Digitalen Kompetenzzentren für Mittelstand und Handwerk" ihre Arbeit aufgenommen. Hier gibt es Diskussionen, Vorträgen, Digital-Kurse, Schnellläuferkurse und Handreichungen. Datenbänke für Dienstleister und Berater sind ebenfalls im Aufbau.

Darüber hinaus sind die ersten kompetenten Berater schon seit geraumer Zeit unterwegs und für die „Hilfe zur Selbsthilfe" stehen Ihnen z. B. die kostenlosen Checks und Empfehlungen der INQA (Initiative Neue Qualität der Arbeit) sowie die Beratungskompetenz der Offensive Mittelstand zur Verfügung. Auch wechseln immer mehr fachkundige IT- und Digitalisierungs-Spezialisten aus der Industrie ins Berater-Geschäft. Sie bringen Projekterfahrung mit und sollten sich auf die weitaus geringeren Stundensätze der KMU inzwischen eingestellt haben.

Kleine Unternehmen, das Handwerk sowie die gesamte mittelständische Wirtschaft stehen heute in der Pflicht, ihre Prozesse zu analysieren, zu bewerten, zu optimieren und zu digitalisieren. Dafür gibt es Unterstützung, nehmen Sie diese an und beginnen Sie mit der Umsetzung. Die Erfassung und Digitalisierung der Abläufe ist ab dem Start der vierten Etappe sowieso unumgänglich.

Treiber der digitalen Transformation

Wie hält die Digitalisierung Einzug in Ihr Unternehmen? Betrachten wir die Historie bis Heute:

E-Mail und Internetrecherche sind seit Jahren nicht mehr aus unseren Unternehmen wegzudenken. Buchhaltung, Steueranmeldung, strategischer Einkauf, Wettbewerbs- und Preisvergleiche, die Azubi- und Mitarbeitersuche, laufen bei Industrie und in KMU häufig schon seit Jahren über das Internet. Darüber hinaus informiert die eigene Webseite ihre Leser über mehr oder minder Interessantes und Aktuelles.

Es sind die notwendigen Schritte die jedes Unternehmen gegangen ist bzw. gehen wird, um im Markt sichtbar zu bleiben. Doch ist das nicht unbedingt gemeint, wenn es um den digitalen Wandel geht. Selbst das Betreiben eines Internet-Shops oder das Einstellen von Angeboten auf Plattformen ist nur ein weiterer Baustein der vielfältigen Aktivitäten, die viele mit dem „Drei Null"-Unternehmen verbunden sehen und heute als eine Art Selbstverständlichkeit online erledigen.

Wie weit werden heute schon die Daten von Einkauf und Verkauf bei Ihnen digital erfasst? Hinterliegen den Einträgen die verwendeten Materialien, der Zeitaufwand der Beschaffung sowie des Verbrauchszeitraums als auch Verknüpfungen zu den notwendigen Mitarbeitern und Maschinen sowie Informationen zu weiteren technischen Parametern? Haben Sie bereits ein digitales Cockpit, in dem die derzeit laufenden Aktivitäten aufgeführt sind und auch sofort zur Abrechnung herangezogen werden? Oder gibt es zumindest eine Excel-Liste, die bei Ausfall eines Mitarbeiters über den Stand von Bestellung, Lieferdatum und Lieferant Auskunft geben könnte?

Das sind die Fragen, die Sie zum ERP System führten oder noch führen werden. ERP steht für Enterprise-Resource-Planning (ERP) und beinhaltet neben den Geschäftsprozessen eine Übersicht aller unternehmerischen Ressourcen. Sie zu planen und zu steuern ist die Aufgabe, die mit dem ERP System erledigt werden kann. Dafür sind die Rubriken Kapital, Personal, Betriebsmittel, Material, Prozesse, Informations- und Kommunikationstechnik und IT-Systeme usw. enthalten.

Des weiteren, und unabhängig davon, kann ein CRM System (Customer-Relationship-Management) eingeführt werden. Hier werden alle Aktivitäten der Kundengewinnung und Kundenpflege dokumentiert sowie gesteuert. Beide Systeme lassen sich unabhängig von der Unternehmensgröße einführen und betreiben. Je größer eine Firma wiederum wird, um so wichtiger sind beide Softwaresysteme. Ein digitales Geschäftsmodell, wie es mit dem Mittelstand 4.0 entstehen wird, kommt ohne diese nicht mehr aus. Ob ERP- und CRM-System auf einem Rechner, dem eigenen Unternehmensserver oder auf einer Cloudplattform betrieben werden, entscheiden Sie am besten gemeinsam mit Ihren IT-Spezialisten. Die Abfolge der einzelnen Schritte habe ich gegliedert und zu Etappen zusammengefasst.

Definition: Etappen der Digitalisierung

Die einzelnen Etappen Ihres Weges zum Mittelstand 4.0 definiere ich am erfolgreichen Umsetzen folgender Technologien und Arbeitsweisen:

1. Kontakte, E-Mail, Notizen, Kalender sind für alle erreichbar in Server oder Cloud hinterlegt und werden gemeinsam gepflegt

2. Das Nutzen von betriebswirtschaftlichen Standard- Applikationen (App.). Das sind Programme mit dem sie im PC bzw. auf eigenen Plattform-Arealen ihre Aufträge verwalten, Rechnungen anlegen und den Geldeingang kontrollieren sowie Ihre Buchhaltung aufbereiten und die Steuermeldungen abgeben. Zusammenarbeit mehrerer Personen, Abteilungen und Externer (z.B. Buchhaltung, Steuerberater) sind dabei über die Unternehmensgrenzen hinaus an der Tagesordnung.

3. Zusammenarbeit in webbasierenden Plattformen. Gerne spricht man auch von kollaborativem Arbeiten, bei dem Dokumente gemeinsam gepflegt werden. Damit wird Redundanz vermieden und schneller Fortschritte erzielt. Es können aber auch Bestellsysteme sein, die Kunden mit einbinden oder Arbeiten anderer Unternehmen sowie von Logistikpartnern koordinieren.

4. Ein nächster großer Schritt ist der Einsatz eines ERP-Systems: ERP = Enterprise-Resource-Planning. Es ist ein servergestütztes Planungsinstrument, das der Optimierung der Geschäftsprozesse und dem effizienten Einsatz aller vorhandenen Ressourcen dient. Spätestens hier müssen Sie alle unternehmerischen Prozesse erfassen, von überflüssigen oder redundanten Arbeiten bereinigen und digitalisieren. Mitunter müssen Prozesse neu definiert werden und der Logik des ERP- Systems angepasst werden. Das kann enorme Kosten sparen. Prozessorientiertes Arbeiten ist kein Luxus oder nicht nur ein Ding der Produktion. Es sollten alle wiederkehrenden Arbeiten als Prozess abgebildet sein. Ein Qualitätsmanagement folgt in den meisten Fällen.

5. Ein weiterer markanter Schritt ist die Planung und Verwaltung aller Aktivitäten, Verbindungen und Absprachen zu und mit Ihren Kunden und den potentiellen Kunden mittels CRM-Software (Customer-Relationship-Management). Im weiteren Voranschreiten folgt das Monitoring aller Aktivitäten in den sozialen Netzwerken und der Presse, sowie gezielte Reaktionen auf besondere Events. Das wird für Sie von Vorteil sein, denn Sie erfahren nicht nur die Reaktionen Ihrer Kunden, sondern auch deren Entwicklung und Ansprüche. Sie erfahren die Reaktionen des Marktes zu Ihren Produkten und Leistungen, erkennen aber auch politische Weichenstellungen, Innovationen aus Forschung und Technik, Hindernisse wie Fördermöglichkeiten als auch die Probleme bzw. Erfolge Ihrer Mitbewerber. Daraus resultiert eine viel schnellere Reaktionsfähigkeit Ihres Unternehmens und Sie erhalten fundiertere Vorlagen für eigene Beschlüsse.

6. Die sechste Etappe wird deutlich komplexer und ist nicht mehr von allen Unternehmen zu erreichen. Sie umfasst eine komplette digitale Abbildung und Vernetzung der Logistik (inkl. Material- und Informationsflüsse) im Unternehmen vom Einkauf bis zum Kunden. Sie beinhaltet den Aufbau von abgestimmten Methoden, Prozessen und Organisationsstrukturen zum Managen der Informationen, die im Verlauf des Lebenszyklus eines Produktes anfallen, sie umfasst die Bereiche der Konstruktion über die Produktionsplanung bis hin zu Verkaufsplanung, Verkauf, Vertriebslogistik, End of life-Management und schließt ebenfalls Service- und Recyclingfragen mit

ein. Alternativ kommen noch die Auswertungen von IoT-Daten und die komplette Steuerung des Service über Ihre eigene Internetplattform / bzw. der Anschluß an eine Internetverbund-Plattform dazu.

7. Die letzte Etappe und das Erreichen der 4.0 wird durch die komplexe Vernetzung der Produktion von der Bestellung bis zur Inbetriebnahme beim Kunden beschrieben. Zusätzlich ist sie dadurch gekennzeichnet, dass Kunden, Lieferanten und weitere an der Wertschöpfung oder der Werterhaltung beteiligte Unternehmen digital mit Ihnen verbunden sind. Wahrscheinlich haben Sie schon früh begonnen automatisierte Maschinen einzusetzen. Diese wurden dann zunächst zur Insel vernetzt und später in eine sich selbst steuernde Produktion weiterentwickelt. Es ist der letzte Schritt auf dem Weg zum Erreichen der „Smart Factory" im produzierenden Mittelstand und Handwerk. Smart Factory ist ein Begriff aus der Industrie und umschreibt die logisch vernetzte, sich selbst steuernde Fabrik.

Keine Sorge, auch in der siebten Etappe arbeiten noch Menschen, doch sehen die Arbeitsplätze anders aus. Sie zu gestalten, die Bildung, Würde und Freude der Mitarbeiter und Mitarbeiterinnen zu ermöglichen und zu gewähren, ist Ihre herausfordernde Aufgabe. Sie gut zu organisieren ist notwendig, denn nur Loyalität und das Gefühl der Zugehörigkeit aller Beschäftigten garantieren die enorme Flexibilität und das daraus resultierende, überaus hohe Wertschöpfungspotential Ihres Unternehmens.

Nicht jeder Weg geht bis zur siebten Etappe, manch einer endet mit dem Erreichen der fünften Etappe. Ausschlaggebend ist Ihr Geschäftsmodell und der von Ihnen eingeschlagene Weg.

Das Nutzen von betriebswirtschaftlichen Standard-Applikationen (App.).

Zusammenarbeit in web-basierenden Plattformen.

Kontakte, E-Mail, Notizen, Kalender sind für alle erreichbar in Server oder Cloud

Einsatz eines ERP-Systems = Enterprise-Resource-Planning

Die Sieben Etappen eines jeden Weges zum Mittelstand 4.0

Einstaz von CRM-Software (Customer-Relationship-Management)

Mittelstand 4.0

Komplexe digitale Vernetzung aller Prozesse

Komplexe digitale Vernetzung von Produktion, Produkt und Service

Kapitel 4 ... Daten in KMU und Handwerk

Daten sind die neue Währung

Daten über Ressourcen, Prozesse, Produkte, Leistungen, Kunden und Geschäftszahlen werden im digitalisierten Unternehmen zu einer kostbaren Währung. Sie beinhalten die wichtigen Informationen, die zur Leistung des Unternehmens notwendig sind und auf die alle Entscheidungen aufbauen. Das umfasst auch die Daten zu technischem Wissen, sozialen Handlungen und vertraglichen Vereinbarungen.

Unternehmensdaten werden bei Mittelstand 4.0 überall zur Entscheidungsfindung herangezogen:

▶ Bei der Ressourcenplanung mittels ERP System (Enterprise-Resource-Planning)

▶ beim Managen von Kundenbeziehungen mit einem CRM System (Customer-Relationship-Management)

▶ Der Produktionsplanung und Produktionssteuerung mit MES (Manufacturing-Execution-System)

▶ Der Planung und Gestaltung des Produktlebenszyklus

▶ Bei allen Handlungen und Entscheidungen die einen verwaltungstechnischen oder Personal-Bezug besitzen

Digitalisierte Prozesse, aktuelle Kennzahlen und Werte aus Verwaltung, Planung und Fertigung ermöglichen eine genaue Übersicht für Entscheidungen.

Echtzeitdaten – alle auf einen verbindlichen Zeitpunkt abgestimmte Daten – die sofort zum Einsatz gebracht werden, verbessern Entscheidungen, weil der Bezug auf die Historie, zurückliegende Entscheidungen und die Entwicklung wesentlich genauer abgebildet wird und zu beurteilen ist, als wenn nur veraltete Daten unterschiedlicher Epochen miteinander verglichen werden.

Die Auswertung von Echtzeitdaten in Verbindung mit Algorithmen ermöglicht schnelle und automatisierte Entscheidungen.

Entscheidungen treffen

Wenn ich in den letzten Kapiteln von den digitalen Daten sprach und aufzeigte, wo sie überall genutzt werden können, so lassen Sie mich am Beginn dieses Kapitels einige Fragen stellen. Sie werden Ihnen die Wichtigkeit der einzelnen Schritte beim Treffen von Entscheidungen verdeutlichen.

▶ Sind Ihre Informationen, die Sie als Entscheidungsgrundlage nutzen, von heute oder bereits älteren Datums? Beruhen sie auf einem „Bauchgefühl" oder stammen sie aus dem Zahlenvergleich von Istwert, Planung und Entwicklung der letzten Jahre?

▶ Beruhen die Kernkompetenzen Ihrer Mitarbeiter ausschließlich auf einem Wissensstand, der älter als zwei Jahre ist oder werden sie regelmäßig geschult und weitergebildet?

▶ Wie ist der Prozess definiert, nach dem Innovationen gefördert werden und Neuerungen im Betriebsalltag umgesetzt werden? Hat das Innovationsprogramm Ihres Unternehmens einen Namen?

Warum frage ich Sie das eigentlich? Betrachten wir die KMU aus dem Blickwinkel der Innovations-, Produkt- und Leistungsentwicklung. 2016 stellte das Ministerium für Arbeit und Soziales in seiner Foresight-Studie „Digitale Arbeitswelt" sinngemäß fest, dass in KMU Innovationen zu mehr als 80% im eigenen Unternehmen entstehen. Gleichzeitig jedoch verstärkt sich der Trend, dass Mitarbeiter mit höherem Wissenstand nicht mehr an Arbeitsplatz und Arbeitsort gebunden beschäftigt sein wollen. Das kann zu einer dramatischen Entwicklung bis hin zum Fachkräftemangel und Rückgang von Innovationen führen. Dem entgegen wirkt nur ein schnellst mögliches Umdenken der Unternehmensleitung und damit eine einhergehende Umgestaltung von Unternehmensprozessen. Zu innovativen Ideen und bahnbrechenden Weiterentwicklungen ist man nur befähigt, wenn bestätigtes Wissen und frische Informationen verfügbar sind, diese in Quantität und Qualität für alle nutzbar bereitstehen und man überdies eine hohe Assoziationsfähigkeit besitzt. Das setzt einen Austausch über Fachgebiete voraus und bedarf entsprechender digitaler Technik und unterstützender Prozesse.

Doch betrachten wir zunächst die Entscheidungsprozesse. „Unter einer Entscheidung versteht man die Wahl einer Handlung aus mindestens zwei vorhandenen potenziellen Handlungsalternativen unter Beachtung der übergeordneten Ziele"

(Quelle Wikipedia: https://de.m.wikipedia.org/wiki/Entscheidung)

▶ Was geht einer Entscheidung voraus?

▶ Wie entstehen Lösungsmöglichkeiten?

▶ Wie werden Kriterien der Entscheidung definiert?

▶ Woran richtet sich die Entscheidung aus?

Zunächst wird eine Fragestellung formuliert. Diese kann von Ihnen selbst stammen oder von Außen an Sie herangetragen worden sein. Wie heißen die Möglichkeiten der Lösung? Es besteht die Möglichkeit, dass die Lösungen bereits ein Teil der Fragestellung ist. Mitunter sind es dann sogar Suggestivfragen, die eine Richtungslenkung des Fragenden in sich tragen. Andere Fragen sind mit „Ja / wahr / wahrscheinlich" oder „Nein / unwahr / unwahrscheinlich" zu beantworten.

Da ist zum Beispiel der Vergleich der Fragestellung mit früheren Fragen. Wie sahen deren Lösungen aus und welche Erfahrungen resultierten daraus? Sie kennen sicher den Satz: „Das haben wir schon immer so gemacht und lagen bisher goldrichtig." Der andere Weg heißt: Prüfen von Aussagen und Alternativen. Treffen die Annahmen / Behauptungen zu oder muss die Annahme verneint werden.

Eine dritte, weitaus häufigere Fragestellung zwingt Sie dazu, eigene Lösungen zu formulieren. Dazu dienen die einzelnen Phasen in der hier genannten Reihenfolge: Diagnose, Zielsetzung, Problemdefinition, Informationsbeschaffung und Informationsauswertung. Dabei werden die Handlungsalternativen gegeneinander abgewogen. Man unterscheidet „erwünschte und unerwünschte Folgen" und erstellt die „Prognose der Konsequenzen". Als nächstes bestimmt man die Prognose-Unsicherheit und bewertet die Entscheidungsalternativen, um sie mit einander zu vergleichen. Abschließend erfolgt die Nennung der Lösung / Entscheidung.

Dieser dritte Fall, die „offene Fragestellung", ist schwierig. Hier gilt es immer Lösungen zu suchen, Alternativen zu erarbeiten und zu benennen, Kriterien zu definieren und eine Bewertung herbeizuführen. Dazu ist es oft notwendig, Daten aus unterschiedlichen Zeiträumen miteinander zu vergleichen, die richtigen Prognosen zu treffen und in die Zukunft weiterzudenken. Optimal ist es dabei, aufbereitete und echtzeitbezogene Daten heranzuziehen. Mit definierten, transparenten Berichtswegen, sowie klaren Entscheidungskriterien kann wesentlich schneller und nachvollziehbar das Ergebnis erzielt und auch dokumentiert werden. Das bringt viele Vorteile mit sich.

Wenn es sich allerdings um Fragen von Personen handelt, stelle ich fest: Die Dialogform hilft schnell und effizient zu erfolgsversprechenden Ergebnissen zu kommen. Nach dem Hinterfragen des Verständnisses, der Fragestellung und des Bezugsystems kann hierbei auch eine Reaktion auf die Präsentation der Lösung erfolgen: Ggf. muss die Lösung erklärt, der Zusammenhang vertieft bzw. kann der Lösungsvorschlag eine Erweiterung finden.

Soweit der Ausflug in die Welt der Entscheidungsfindung. Mit diesem Wissen um die Prozesse der Entscheidungsfindung betrachte ich nun den Sachverhalt der Digitalisierung und kann damit folgende Aussagen treffen:

- Hohe Komplexität verzögert Entscheidungen.

Je komplexer ein Geschäftsprozess ist, desto schwieriger und teurer wird die digitale Umsetzung. Daher heißt es mit dem Start der Digitalisierung, nicht nur die Prozesse zu erheben, sondern sie auch kritisch zu prüfen und nach Möglichkeit auf ein Minimum an Entscheidungsebenen zu vereinfachen. Haben sich über die Jahre im Prozess „Schlacken" abgesetzt? Gibt es technische oder soziologische Verfahren und Techniken, die Prozesse schlanker werden lassen? Sind alle am Prozess Beteiligten notwendig und bereits am richtigen Platz? So könnten zum Beispiel hilfreiche Fragestellungen bei der Reduktion von Komplexität aussehen.

- Zu viele, die mitreden und zu viele beteiligte Entscheidungsebenen.

Je größer das Unternehmen, umso mehr Ebenen bilden sich. Gerade große Mittelständler, die sich auf dem Weg hin zu industriellen Strukturen befinden kennen die Klagen, denn Entscheidungen müssen von Ebene zu Ebene durchgereicht werden und mit jeder Weitergabe sind Datenverluste bzw. Manipulationen möglich. Profilierung, Abteilungs- und Eigeninteressen können dabei übermäßig zur Geltung kommen.

- Mangelnde Transparenz bei fehlender Trennung von Entscheidung und Person

Eine verkrustete, patriarchalisch bestimmte Struktur, die Entscheidungen u. U. von der Gemütslage oder Laune nur einer Person abhängig werden lässt, ist zwar das strukturelle Gegenteil zum vorherigen Punkt, kann aber ebenso Entwicklung und Fortschritt verhindern oder zumindest verzögern. Die Person mag erfahren sein und über viele Jahre, Ereignisse und Bedrohungslagen hinweg das Unternehmen als Eigentümer oder Firmenerbe getragen haben. Ungeachtet dessen sollte eine den Betriebsalltag prägende Entscheidung durch definierte und verlässlich funktionierende Berichts- und Entscheidungswege mit verlässlichen Reaktionszeiten gekennzeichnet sein. Mit diesem Prozess werden klare und verbindliche Entscheidungen getroffen, die immer auch fundiert begründet werden können. Das ist der bessere Weg, als möglicherweise vorschnell und leichtsinnig – vielleicht sogar bauchgesteuert – mit Personen, Sach- und Vermögenswerten umzugehen.

Mangel an aktuellen Informationen oder zweifelhafte Glaubwürdigkeit der Informationen ist ein massiver Hinderungsgrund für Entscheidungen und verhindert letztendlich ein Gelingen der digitalen Transformation. Erst wenn Echtzeit-Informationen zur Verfügung stehen, Wissen aus unterschiedlichen Datenquellen extrahiert, validiert und zusammengeführt wurde und Prognosen für die Zukunft (Zielformulierung) mit einbezogen wurden, können objektivere Entscheidungen getroffen werden.

Wie schnell kann das bei Ihnen umgesetzt werden? Objektivität und Komplexität sollten sich dabei die Waage halten. Als Grundlage dienen aktuelle Datenbanken, CRM-Auswertungen, das ERP-System und zum Teil auch aktuelle Bankdaten sowie Markt- und Konkurrenzanalysen. Auch sollten Investitions- und Finanzplanung sich letztendlich auf Kennzahlen gründen, die zumindest tagesaktuellen Bezug haben.

Umgang mit Daten ...

... Überblick

- Große Dynamik im Umfeld und im Markt

Erfolgreiche Unternehmen sind mit einer sich ständig ändernden Welt konfrontiert und müssen sich ihr stellen. Unternehmen agieren nur dann nachhaltig erfolgreich, wenn sie Änderungen erkennen und sie richtig beurteilen können. Für gezielte Reaktionen ist der Zugriff auf aktuelle Informationen eine fundamentale Voraussetzung.

▶ Big Data – die steigende Datenflut

Aus der Komplexität von Ereignissen und Daten die relevanten Informationen zu filtern, ist die Herausforderung für Big Data. Um unstrukturierte Daten zu erfassen, zusammenzufassen und auszuwerten, benötigt man entsprechende IT-Ressourcen.

... Umsetzung

▶ Die Vielzahl an Informationsquellen

Menschen in Unternehmen teilen ihr Wissen nur selten gerne, doch es ist dringend notwendig, auf eine offene, allseitige Datengrundlage zurück zu greifen. Viele Abteilungen sehen in ihrem Wissen ein „Schatz oder Faustpfand" für Verhandlungen. Suchen Sie nach Motivations-Mechanismen, die Aktiven zu würdigen und finden Sie Technologien, um die Informationen zusammentragen und darstellen zu können. Die Struktur und die Wettbewerbssituation in Ihrem Unternehmen müssen die Informationsdarbietung unterstützen.

▶ Teammoderation und Koordination als wichtige Führungsaufgabe

Mitarbeiter, die an ihrem festen Arbeitsplatz tagein, tagaus zuverlässig tätig sind, galten immer als „Kapital" des Unternehmens. Heute wird die wertschätzende und auf Zusammenarbeit ausgerichtete Gestaltung der Arbeit mit internen und externen Projektpartnern immer wichtiger. Das bedeutet auch mehr Flexibilität für die Arbeitsplätze. Wechselnde Externe (Techniker, Wissensarbeiter, Fachkräfte) werden das fest angestellte „Rumpfteam" im Unternehmen unterstützen und ergänzen. Stellen Sie sicher, dass Sie problemlos auf das notwendige Wissen zugreifen können (z. B. über Technik und Prozesse). Das ist gleichermaßen eine Frage von technischer Voraussetzung und der gelebten Kultur im Umgang miteinander.

▶ Wissenstransfer

Kleine Mittelständler verfügen über kleine IT-Abteilungen bzw. mitunter nur eine Person im Service die sich um IT-Fragen und Probleme kümmern kann. Hier ist die dauerhafte Mitarbeit von Partnern und Dienstleistern notwendig, um die Arbeiten der digitalen Transformation zu bewältigen. Die Externen bringen Erfahrungen aus anderen Projekten und einen unverstellten, neutraleren Blick „von außen" mit. Das lässt zum einen neue Lösungsansätze finden und zum anderen hilft es Widerstände im Unternehmen zu überwinden.

▶ Der digitale Kern

Nachdem ein Unternehmen mit dem ERP-System gute Erfahrungen gesammelt hat und die Integration weiterer Abteilungen und Prozesse vollzogen wurde, ist die Zeit gekommen, die digitale Vernetzung zu erweitern. Was wäre, wenn Produkte und Dienstleistungen auf digitale Planungsdaten der gleichen Quelle zurückgreifen würden? Diese dann sogar mit aktuellen Bedarfsdaten verglichen und um diese angereichert werden. Wird das Resultat dann digital abgelegt, könnte es sogar als Grundlage für weitere Entscheidungen dienen.

Das alles zusammen kann z.B. zur Schaffung eines neuen Geschäftsmodells herangezogen werden. Dabei entstehen neue digital gestützte Dienstleistungen und Produkte. Werden diese als ein Service bzw. ein Ding des Internets fungieren und auch funktionieren?

Hier entstehen wichtige Fragestellungen: Welche Handlung basiert auf welcher Art von Daten-Ereignissen? Welche Daten müssen dazu ermittelt werden? Wo werden die Daten erhoben, wo verarbeitet und wo gespeichert? Wie können Plattform und Datenbank schnell und kostensparend die Daten verarbeiten und dabei leistungsstark und gewinnmaximierend sein? Dafür gilt es die Herausforderungen zu erkennen und entsprechende Strategien zu entwickeln.

Entscheidend wird die Definition der unterschiedlichen Daten und deren Verwendungszweck. Es müssen die unterschiedlichen Hierarchien erkannt und definiert werden. Hierfür wurden „Verwaltungsschalen" entwickelt. Die einzelnen Verwaltungsschalen haben unterschiedliche Aufgaben und sammeln / beherbergen unterschiedliche Herstellung-, Personen- und Betriebsdaten. Alles zusammen

(Gerät / Maschine sowie Datenbanken) bilden dann das CPS (Cyber-physisches System). Im Referenzarchitekturmodell „Industrie 4.0" und mit der Norm RAMI 4.0 ist definiert, welche Informationen getrennt abgelegt werden. (Siehe dazu https://www.plattform-i40.de/I40/Redaktion/DE/Downloads/ Publikation/rami40-eine-einfuehrung.pdf?__blob=publicationFile&v=3). Wichtig ist es dabei über Verbleib, Zugriffsrechte und Auslagerung von Daten bereits im Vorfeld zu entscheiden. Hier sind neben Mathematikern und IT-Experten mit Datenbank-Know-how auch Anwälte und Geschäftsmodell-Berater mit Verständnis für digitale Prozesse und IT gefragt.

... Innovation

▶ Erweiterung des eigenen Angebots und der Märkte

Das Beherrschen von Technologie schafft Voraussetzungen für erfolgreiche Änderungen. Inzwischen können enorm große Datenmengen erfasst und automatisch korreliert (aufbereitet/verglichen) werden. Durch das Internet der Dinge und Big Data Analytics (Erfassung und Auswertung großer strukturierter Datenmengen durch ein Rechenzentrum), werden neue digitale Geschäftsmodelle möglich. Nutzen Sie diese Technologie, um mit Sensoren Informationen zu erfassen und die daraus abgeleiteten Events, um neue Servicemodelle für bestehende Märkte zu entwickeln und sogar neue Märkte zu erschließen.

Was machen „Die neuen Markteilnehmer" anders?

Es sind:

▶ Innovation ... das Vermögen Probleme zu erkennen und zu lösen

▶ Skalierbarkeit ... Proportionale Anpassung an sich verändernde Marktgrößen

▶ Agilität und Dynamik ... Anpassbare Module mit großer Eigenständigkeit

... die das Geschäftsmodell von neuen Marktteilnehmern bestimmen. Sie treten mit hoher Wandlungsfähigkeit und Flexibilität in den Markt. Sie erfassen zunächst mit flexiblen Geschäftsmodellen die Bedürfnisse der Zielgruppe und verändern mit ihren Strategien und meist hohem Kommunikationsaufwand mitunter sogar die Denk- und Arbeitsweise bestehender Kunden oder Kundengruppen. Sie entwickeln neue Kundensegmente oder zerschlagen bestehende, althergebrachte Wertschöpfungsketten.

Beispiel: Veränderung des Druckereimarktes

Ich will Ihnen ein Beispiel dafür geben: Nehmen wir die starke Veränderung des Druckereimarktes, die erst mit dem Aufkommen der Onlinedruckereien den Höhepunkt der Veränderungsgeschwindigkeit fand.

Wie viele der einstigen Druckereien sind überhaupt noch am Markt und was machen diese heute? Betrachten wir folgende Fragestellung: Wie haben sich „neben den Onlinemärkten" Druckereien halten können? Gab es einen grundlegenden Strategiewandel?

Ein „weiter so" in der Anfangszeit führte immer zum Konkurs, zu einer Geschäftsübergabe / feindlichen Übernahme oder bestenfalls zum vorgezogenen Generationswechsel. Die heute neben den Onlinedruckereien bestehenden Druckereien versuchen entweder sich durch eine hohe Veredelung und Spezialisierung am Markt zu halten oder im Zusammenschluss / Verbund mit weiteren Herstellungs- und Verarbeitungsunternehmen der Branche zu bestehen bzw. als Lohnfertiger für Onlinedruckereien zu überleben. Nur ein hohes Maß an Spezialisierung wird hier zum Ziel führen. Dabei muss ein möglichst großer bis globaler Markt erreicht und abgedeckt werden. Das wird günstiger Weise über das Internet gestaltet und setzt eine große Sichtbarkeit und Erreichbarkeit voraus. Veredelung der Druckprodukte als alleinige Überlebensstrategie ist gut, aber zu kurz gedacht, denn Veredelung zieht durch technologische Weiterentwicklung der Maschinen ebenso schnell in die Produktentwicklung der reinen Onlinedruckereien ein. Dort kann es weitaus preiswerter angeboten werden, da ein hoher Durchsatz erzielt wird. Auch hier ist eine entsprechende digitale Strategie die Voraussetzung für jeglichen Erfolg.

Für viele Branchen, in denen KMU und Handwerksbetriebe arbeiten, lassen sich hier Parallelen in der Entwicklung erkennen. Auch wenn viele der Marktteilnehmer heute noch über eine Auslastung weit über den eigenen Kapazitäten „klagen", so bedeutete das nur, dass es einen interessanten Markt für neue Anbieter mit digital-skalierbaren Geschäftsmodellen gibt. Auch wenn die Neuen nicht unbedingt Ihr Know-How mitbringen – so wie Google zuvor niemals Autos baute – können sie allerdings dem Markt eine Vielzahl der für Sie notwendigen Experten und Fachkräfte entziehen. Oder es gelingt ihnen die Marktkommunikation zu beherrschen und die klassischen Anbieter in die Rolle des reinen Lieferanten zu verweisen. Ich empfehle daher: Seien Sie einfach schneller beim Verstehen der Kundenbedürfnisse. Seien Sie flexibel beim Anpassen und Umgestalten des eigenen Angebots. Wagen Sie sich mit Prototypen und Modellen auf den Markt, in die Presse und die sozialen Netzwerke. Zeigen Sie Ihre Expertise, reagieren Sie auf Bedürfnisse und binden Sie Ihre bestehenden Kunden ein – z.B. in einer Anwenderkonferenz, die Kunden, Interessenten, Forschung und Entwicklung in einem Event vereint. Schaffen Sie neue Kundenkreise.

Kapitel 5 ... Geschäftsmodelle

▶ Geschäftsmodelle zeigen, wie Mehrwert für Kunden entsteht und womit ein Unternehmen Erträge erzielt.

▶ Sie vereinen die Komponenten des Unternehmens rund um Wertschöpfung und monetäre Realisation.

(In Anlehnung an Gabler Wirtschaftslexikon: http://wirtschaftslexikon.gabler.de/Definition/geschaeftsmodell.html)

Der Unterschied liegt im Geschäftsmodell

Betrachten wir das Werden eines Unternehmens: Bereits mit der Geschäftsidee legt der Gründer /die Gründerin den Grundstein für das Unternehmen. Sein bzw. ihr Wissen, Befähigung und Marktzugang bestimmten die Ausrichtung. Man kannte bereits seinen Markt und die Bedürfnisse der Kunden. Man baute darauf auf und adressierte die Botschaften an Kundenklientel, zukünftige Mitarbeiter, Lieferanten und Banken – eben alle Stakeholder des Unternehmens. So vielseitig wie die Gründer und Gründerinnen, so unterschiedlich ist die Unternehmenslandschaft. Was man dabei bereits am Anfang tat – bewusst oder unbewusst – man entschied sich für ein Geschäftsmodell (engl. Business: Business Modell). Die Unterschiede liegen in der Wahl und Intensität der einzelnen Bestandteile von Wertschöpfung und Geschäftsvorfällen.

Geschäftsmodelle im Mittelstand

Unternehmen gründen auf unterschiedliche Geschäftsmodelle. Von „100% analog" über „digital gestützt" bis zu „100% digitalisiert" ist heute alles zu finden. Die Welt der „Digitalen Transformation im Mittelstand" bietet dadurch sehr unterschiedliche Szenarien und Herausforderungen. Sie gliedern sich in die von mir beschriebenen sieben Wege. Bestimmt werden sie durch den Stand der Digitalisierung von Geschäftsprozessen, der Tiefe der IKT-Durchdringung, dem Anteil an der automatisierten Wertschöpfung sowie der digitalen Anbindung von Kunden und Lieferanten, u.a.m. (IKT = Informations- und Kommunikationstechnik). Begleiten Sie mich weiter, um zu erfahren, warum das Geschäftsmodell Ihr „taktischer Sandkasten" ist und wie Sie damit die zukünftigen Investitionsentscheidungen finden, prüfen und nachvollziehbar werden lassen.

4.0 im Geschäftsmodell

▶ Das Geschäftsmodell beschreibt Wertschöpfung im Unternehmen sowie Interaktion mit Stakeholdern.

▶ Es baut auf Wissen, Fähigkeiten, Märkten aber auch auf Werte, Ziele und Interessen der Inhaber bzw. der Geschäftsführung.

▶ Die kritische Betrachtung von Geschäftsmodellen lässt schnell Schwächen und Fehler in der Konzeption erkennen. Notwendige Korrekturen und Änderungen können so bereits vor der praktischen Umsetzung erkannt und korrigiert werden.

Bestehende Geschäftsmodelle sind von Zeit zu Zeit zu prüfen, damit sie an die sich mit der Zeit verändernden Märkte, Techniken und Gewohnheiten angepasst werden können. Das ist für Unternehmen notwendig, um auf den gewohnten Märkten zu bestehen, erkannte Strömungen und Tendenzen aufzunehmen und zum eigenen Nutzen einzusetzen. Es dient aber auch dazu, den Mitarbeitern ein modernes bzw. zeitgemäßes Umfeld bieten zu können um sie dauerhaft zu binden.

Aus meiner Praxis: Ich nutze zum Geschäftsmodell erstellen bzw. prüfen das „Business Modell Canvas" (BMC) (http://hasford.de/business-model-canvas-bmc/). Es ist eine spezielle Plantafel und bietet einen guten Überblick. Mit dem BMC kann man die Zusammenhänge und Beziehungen zwischen den einzelnen Modulen anschaulich skizzieren. Meinen Kunden entsteht damit ein sehr lebendiges Bild ihres zukünftigen Unternehmens und im Gespräch lassen sich die konkreten Schritte und Maßnahmen planen. Das BMC kann zu allen Zeiten – vor der Gründung, im Bestehen oder bei der Nachfolge – erfolgreich eingesetzt werden. Man simuliert die Unternehmensprozesse und Verhaltensmuster von Lieferanten, Mitarbeitern und Kunden.

Die logischen Zusammenhänge eines Unternehmens werden im Geschäftsmodell modellhaft sichtbar. Sie zeigen auf, was der eigene Beitrag an der Wertschöpfung ist, wie Mehrwerte für Kunden entstehen und womit Erträge erzielen werden. Es zeigt aber auch, wer Lieferant ist und mit welchen Kostenstrukturen gerechnet werden muss. Geschäftsmodelle verbinden alle Komponenten des Unternehmens um Wertschöpfung, monetäre Realisation Kommunikation und Interaktion zu verdeutlichen (z. B. Verkauf, Dienstleistung, Aftersales-Service, Informations-, Bestell- und Bezahl-Prozesse). Es gibt nicht „das eine passende Geschäftsmodell", denn unterschiedliche Herangehensweisen können bei gleicher Ausgangslage ebenfalls zum Erfolg führen. Wovon es aber nun abhängt, ob ein Geschäftsmodell erfolgreich ist? Richtige Einschätzung des Marktes, das Erkennen aller Kriterien und die richtige Bewertung bilden die Basis, konsequentes Umsetzen und Handeln schaffen den Erfolg. Jedes Geschäftsmodell ist stark mit Denkweise, Kommunikationsfähigkeiten sowie Werte des Unternehmers bzw. der Unternehmerin verbunden. Das Geschäftsmodell allein gibt nur die Art und Weise vor, wie das Unternehmen Werte erschafft und ist ein Planungswerkzeug. Die Umsetzung dagegen entscheidet, ob das Unternehmen am Markt erfolgreich bestehen wird.

Die einzelnen Module, die im Geschäftsmodell betrachtet werden:

▶ Angebot/Kundennutzen

▶ Prozess der Wertschöpfung

▶ Kundenkommunikation/Kundeninteraktion

▶ Geldfluss/Gewinnverteilung

▶ Ressourceneinsatz

▶ Investition/Reinvestition

Flexibel auf Veränderungen reagieren

Die kleinen und mittleren Unternehmen stehen vor großen Herausforderungen und müssen entsprechend flexibel reagieren. Das alltägliche Arbeiten im immer während vorhandenen Internet, die Angebote neuer Marktteilnehmer, eine hohe Innovationsrate in fast allen Bereichen des Lebens und damit einhergehende, sich rasant ändernde Kunden-Bedürfnisse haben ihren Preis.

▶ Produktverfolgung und -betreuung über die Einsatzzeit sowie den gesamten Produktlebenszyklus,

▶ Einbinden von Externen, um das Innovationspotenzial des Unternehmens zu erweitern (Open Innovation),

▶ Individualisierte Produktion mit Losgröße Eins sowie

▶ Internetbasierte Serviceangebote

bestimmen und sichern das Bestehen im B2B wie auch im B2C Markt.

Bitte lassen Sie mich noch auf den entscheidenden Unterschied zwischen Geschäftsmodell und Unternehmensstrategie hinweisen. Es sollte nicht verwechselt oder gleichgesetzt werden. Ein Geschäftsmodell wird am wirklichen Bedarf der Zielgruppe ausgerichtet – und das immer wieder neu. Doch Aussagen zu Wettbewerb, Alleinstellung und Wettbewerbsvorteilen werden erst in der Unternehmensstrategie getroffen. Die Unternehmensstrategie baut auf das Geschäftsmodell auf und adaptiert es für die realen Märkte.

Die Einführung und Nutzung des Internets der Dinge (IoT), Cyber-physischer Systeme (CPS) und Industrie-4.0-Technologien ermöglichen eine massive Änderung in der Wertschöpfungskette, der Kommunikation sowie in den Möglichkeiten der Produktverfolgung weit über Verkauf, Auslieferung, Montage hinaus. Das hat natürlich auch Auswirkungen auf die bisher gelebten Kunden-Anbieter-Beziehungen. Gleichzeitig nimmt die Notwendigkeit der Kommunikation über die Unternehmensgrenzen stark zu. Einst wurden Bedarfserfassung und Gedankenaustausch mit den Kunden alleine vom Verkaufspersonal im B2C-Handel sowie Außen- und Innendienst im B2B-Handel dominiert. Heute ist das Internet als immer stärkeres Kommunikationsmedium dazu gekommen und übernimmt einige Funktionen bzw. eröffnet neue Optionen. Als soziales Medium und als Ort ständiger Präsentation sowie des kommunikativen Austauschs ist das Internet wesentlich präsenter geworden und wird im privaten wie wirtschaftlichen Umfeld in immer stärkerem Maße frequentiert. Bewertungsportale, Anbieterplattformen und gezielte Nachfragen bei Xing, LinkedIn, Facebook oder Google plus, lassen Angebote, Qualität von Produkten sowie Leistungsparameter „gläsern" werden. Doch nicht nur die reinen Leistungsparameter sind hier zu finden. Die Meinungsäußerung wird immer stärker zur Basis des Austauschs. Da sind gelungene Projekte, guter Service, zeitlich passende Lieferung sowie viel stärker noch die gegenteiligen Beispiele, die hier auf Dauer und für alle lesbar nachvollziehbar geschildert werden. Das bedeutet, die Zufriedenheit der Kunden gewinnt massiv an Bedeutung – eben, weil Sie nun auch für alle Teilnehmer so präsent dargestellt wird. Das Internet führt zur Meinungsbildung und das bereits vor Ihrem ersten Kontakt mit einem Kunden. Hierin begründet sich auch die Wichtigkeit von eigener Präsenz und des Monitorings aller Onlinekanäle.

Für das Geschäftsmodell heißt das, flexibel zu reagieren und die neuen Kanäle der Kundeninteraktion aufzunehmen. Das betrifft:

▶ Produktinformation
▶ Kundenkommunikation
▶ Bestellmöglichkeiten
▶ Produktverfolgung
▶ Problembehandlung
▶ Angebot von Verbrauchsmaterial, Service und Upgrades

Produkte und Leistungen müssen im digitalisierten Umfeld bestehen. Nur dann bleibt ein Unternehmen weiterhin erfolgreich im Markt.

Das Gleiche gilt sogar für Produkte, die an sich nichts mit dem Internet zu tun haben – es reicht aus, wenn im Web darüber gut oder schlecht geschrieben oder gesprochen wird. Daraus resultiert eine Vielzahl an Fragen. Sie betreffen Produktplanung, umfassen Bestellwege, Individualisierbarkeit als auch Vertriebswege und Logistik.

Ein Beispiel aus der Druckbranche: Vor 20 Jahren hätte sich niemand vorstellen können, dass 1.000 Visitenkarten zu 15 Euro oder 30 DM zu bekommen wären, damals kosteten sie ca. das 20-fache und bedurften der Zusammenarbeit von Grafiker / Setzer und Drucker und dauerte ca. 10 Arbeitstage. Es war ein rein analoges, papiergebundenes Produkt und fast ausschließlich dem Business vorbehalten. Und heute? Die Visitenkarte ist immer noch auf dem Papier und wird immer noch gedruckt. Doch die Bestellung und teilweise sogar die Gestaltung sind digital im Internet von „jedem" zu erledigen. Herstellung und Versand läuft innerhalb von 48 Stunden. Wie ist das möglich? Das Geschäftsmodell beinhaltet das Verlassen des regionalen Marktes und erschließt über das Internet neue Märkte. Es beschreibt einen weitaus höheren Kommunikationsaufwand und öffnet sich für neue Kundenkreise. Ebenso werden neue Technologien aufgenommen, wie z.B. Visitenkarten um kostenintensive Funktionen zu erweitern, die z.B. den elektronischen Austausch durch RFID oder NFC Techniken ermöglichen

(RFID = radio-frequency identification = „Identifizierung mit Hilfe elektromagnetischer Wellen" – siehe auch Begriffserklärung am Ende des Buchs || NFC = Near Field Communication = Nahfeldkommunikation – eine auf RFID basierende Anwendung). Das schafft eine Alleinstellung im Markt und daraus resultieren höhere Gewinnmargen.

Daraus habe ich Fragen für Ihren Alltag abgeleitet:

▶ Wie realisieren Sie ein für den Kunden individualisiertes Produkt zu relativ geringen Kosten?

▶ Wie erhält ein Kunde über digitale Kommunikationswege mehr Mitsprache bezüglich der Produktgestaltung?

▶ Wie kann mittels des Internets die Dienstleistung bedarfsgerecht und zeitnah erfolgen?

Finden Sie die richtigen Antworten! Passen Sie Ihr Geschäftsmodell an, denn das Internet hat massive Auswirkungen auf alle Branchen, egal ob Einzelhandel, Dienstleistung, Handwerk, Bau, Beratung oder Geräte- und Maschinenbau.

Das führt mich nun zu der Frage: Worin bestehen die Möglichkeiten der Änderung und Anpassung? Ich habe die Elemente neuer oder weiterführender Geschäftsmodelle extrahiert. Die Lösungen sehen vielleicht nicht alltäglich aus und brauchen eventuell ein wenig Zeit, um verstanden zu werden. Lassen Sie mich das kurz an einem Beispiel skizzieren: Leistungen statt Produkte. Nehmen wir an, Sie sind Hersteller einer Bohrmaschine und stellen fest, immer mehr Menschen suchen nach einer Möglichkeit Löcher herzustellen ohne eine Bohrmaschine zu kaufen. Klingt das paradox? Vor dem innerstädtischen Carsharing hätte niemand sich vorstellen können, das man in ein beliebiges Auto einsteigt, bis zum Ort X fährt und dann einfach sein genutztes Fahrzeug stehen lässt. Die Abrechnung erfolgt nach Zeit der Nutzung und das Fahrzeug steht dann wieder für alle anderen zur Verfügung. Es funktioniert. Was bedeutet das für den Bohrmaschinenhersteller? Er wird weiterhin Bohrmaschinen produzieren, um die Produktion herum werden andere Abrechnungsmodelle, neue Formen der Bereitstellung und der bedarfsgerechten Logistik entwickelt. Vielleicht entwickelt man ein Partnersystem und kontrolliert über Online-Plattformen Aktivitäten und Qualität.

Das war nur ein fiktives Beispiel, doch sicher finden Sie für Ihre Leistung und Ihr Produkt etwas Passendes. In erster Linie muss es auf die Kundenbedürfnisse abgestimmt sein. Als Komponenten für ein verändertes Geschäftsmodell könnten dabei sein:

1. Dezentrale Prozessverantwortung – lokale Kompetenzen an mehreren Standorten, ausgelagerte Konstruktion, dezentrale Kapazitätsplanung, Selbstbestimmung auf Baustellen, Stärkung von lokaler Kompetenz bzw. von Fachkompetenz.

2. Leistungen statt Produkte sowie Ausbau von „Pay-Per-Use" Modellen

3. Ergänzungsleistungen zum Produkt in Form von: Service- und Wartungsverträgen, Monitoring von Produkten/Systemen und damit verbundener Service bei Problemen sowie Lieferung von Verschleiß- und Verbrauchsmaterial.

4. Leistungen für Netzwerkpartner, Kooperation statt Konkurrenz bei der Kundenbetreuung, Materialbearbeitung, Transportarbeiten oder Produktionskapazitäten

5. Bedarfsabhängige Nutzung & externe Services

6. Standardisierung und Modularisierung bestehender Produkte, Systeme, Prozesse, Materialien, Informationen, Service

7. Aufbau und Einsatz von Algorithmen zur Lösung von Arbeits- und Problemstellungen

8. Flexibilisierung von Maschinen und Anlagen – bis hin zur selbstkonfigurierenden Maschinen- und Transportlösung (z. B. Aktoren) sowie Einsatz von „plug & producefähigen" Maschinen.

9. Digitales Geschäftsmodell – ohne menschliches Einwirken werden Transaktionen durch Maschinen/Computer beauftragt, erfasst, ausgeführt.

Übungsaufgabe:

▶ Was bedeutet das für Ihre Leistungen und Ihre Produkte?

▶ Welche Komponente kann bei Ihnen für neuen Umsatz sorgen?

▶ Wo gibt es bereits Bedarf?

▶ Wie müsste das Angebot kommuniziert werden?

Finden Sie hier die Grundlage Ihres zukünftigen Geschäftsmodells. Nehmen Sie sich die Zeit und gehen Sie jede der neun Möglichkeiten durch. Seien Sie offen für revolutionäre Ideen. Denn Carsharing, Onlinedruckerei und Musik Streaming haben auch nichts mehr mit dem „alten Handwerk" zu tun, verändern aber die Gesellschaft und die Rahmenbedingungen, in denen wir alle produzieren, handeln und leben.

Typen der Geschäftsmodelle

Geschäftsmodelle können nach Typen unterteilt werden. Sie sind weitgehend branchenunabhängig. Es können weitere Mischformen auftreten.

Einkauf – Verkauf

Wertschöpfung entsteht aus der zu erzielenden Handelsspanne zwischen Einkauf + Verwaltungsaufwand + Logistik vs. Verkaufserlös. Das kann gezielt im Auftrag eines Kunden oder auf eigenes Risiko geschehen.

Beispiel: Kaufmann, Handel

Entflechtung

(Unbundling business models = entflechtungsorientiertes Geschäftsmodell)

Die Bereiche Wertschöpfung – Kundenkontakt – Produktinnovation werden von einander getrennt bewertet und getrennt geführt.

Beispiel: Lohnfertigung, Zulieferer, Handel, Handwerk, Vermietung, Leasing

Nischenprodukt

(Long-tail business model = nischenprodukt-orientiertes Geschäftsmodell)

Durch Logistik und breitgefächerte Vertriebsaktivitäten können sonst unwirtschaftliche Nischenprodukte gewinnbringend vermarktet werden.

Beispiel: hochspezialisierter Hersteller oder Online-Handel

Plattformmodell

(Multi sided platform business model = mehrseitiges Plattform-Geschäftsmodell)

Das Aufeinandertreffen unterschiedlicher Interessengruppen eröffnet Geschäftsmöglichkeiten. Je größer Durchsatz und Bekanntheit sind, umso größer sind auch die Umsatzmöglichkeiten.

Beispiel: Hafen, Bahnhof, Flughafen, Verkaufsplattformen wie Amazon, Rakuten, Ebay

Mehrwertmodell

(Freemium business model = Erlös durch Mehrwert-Geschäftsmodell)

Eine unentgeltliche Standard-Dienstleistung wird durch kostenpflichtige Funktionalitäten oder Abonnements finanziert.

Beispiel: Zeitschrift, Clubmitgliedschaft

Verbundprodukte

(Tied products business model = Geschäftsmodell verbundene Produkte)

Eine kostengünstige Erstdienstleistung/Erstprodukt wird durch kostenpflichtige Ersatzprodukte oder Dienstleistungen ergänzt oder abgelöst.

Beispiel: Drucker und Kopierer

Kooperation

(Open business model = offenes Geschäftsmodell)

Wertschöpfung basiert auf Zusammenarbeit bzw. auf einander aufbauenden Arbeitsabfolgen von unterschiedlichen Experten / Expertisen / Lieferanten.

Beispiel: Personalvermittlung, Industrie

Digitale Geschäftsmodelle

Ab wann sollte man über ein rein digitales Geschäftsmodell nachdenken? Dazu will ich das digitale Geschäftsmodell zunächst definieren. Wertschöpfung, Interaktion und Transaktion werden über oder durch digitale Technologien stattfinden.

▶ Interaktion = Austausch von Informationen, Anfragen und Antworten.
▶ Transaktion = Austausch von Leistung und Gegenleistung.

Beides findet zwischen einem anfragendem und einem anbietenden System statt. Dafür sind technische Schnittstellen – also Berührungspunkte von technischen Systemen mit einem definierten Übergabeprotokoll zwischen den Systemen notwendig. Hierbei geht es um definierte und wiederholbare Abläufe. Die digital erbrachten Abläufe lassen sich in zwei Schritte unterteilen, die durch folgende Punkte skizziert werden:

▶ Kommunikation zw. anbietendem und nachfragendem System
▶ Transaktion Teil A) Leistungsbereitstellung / Leistungserbringung
▶ Transaktion Teil B) Gegenleistung (Entlohnung oder Bezahlung)

Die meisten digitalen Geschäftsmodelle benötigen einen zuvor gesteckten Vertragsrahmen. Digitale Geschäftsmodelle werden zur Zeit in vier unterschiedliche Modelle unterteilt:

▶ Skalenmodell (Größenvorteile)
▶ Plattformmodell (Netzwerke / Gemeinschaften): Transaktionsplattform / Innovationsplattform
▶ Modulsystem (Individualisierung)
▶ Innovation (Modernste Technik)

Zwischen den einzelnen Formen kann es Überschneidungen geben. Ein sehr erfolgreiches Modell ist das Anbieten kostenloser Leitungen, die mittels weiterführender kostenpflichtiger Leistungen finanziert werden. Diese Modelle finden sich bei z.B. bei Xing, Vimeo, Google.

Bei digitalen Geschäftsmodellen steht immer die absolute Ausrichtung auf Kundenbedürfnisse im Vordergrund. Die Verknappung der Möglichkeiten im „Basic" oder kostenlosem Account macht die Variante „Premium" oder „Mitgliedschaft" attraktiv und verspricht dazu eine Verbesserung von Leistung, Service, Erreichbarkeit usw. Hiermit werden die Einrichtung der Kommunikations- und Transaktionskanäle sowie eine Kundenbindung erreicht.

Geschäftsmodelle im Bezug auf den Mittelstand 4.0 können zu einer konsequenteren Serviceorientierung führen. Im Mittelpunkt steht die Bedürfniserfüllung der Kunden / Kundengruppe („Value as a Service"). Es ist ein Wertversprechen, das bedarfsorientiert und wirtschaftlich eine Kombination modularer Elemente beinhaltet.

Erhebung und Bereitstellung wird in vielen Fällen aus Hardware (Internet of Things), Internet-Plattform (Internet of Service) und Software kombiniert (= Modules as a Service).

Das schließt öffentliche wie private Infrastrukturen ein. Beim Erschaffen eines entsprechenden Geschäftsmodells „Infrastructure as a Service", erschafft, erweitert oder nutzt man die Strukturen wirtschaftlich. Das Leistungsangebot muss bedarfsorientiert sein und bei Bedarf sehr zeitnah zum Kunden kommen oder ihm im besten Fall sofort zur Nutzung zur Verfügung stehen.

Kapitel 6 ... Wechsel des Geschäftsmodells

Allen unternehmerischen Aktivitäten unterliegt ein Geschäftsmodell, das mehr oder minder bewusst eingerichtet und umgesetzt wurde. Aus den vorangehenden Beschreibungen kann festgestellt werden, dass bestehende Geschäftsmodelle an Aktualität verlieren können und damit den gewünschten Erfolg einbüßen. Das führt zur Schlussfolgerung: „Wer an diesem Punkt angekommen ist, wird aktiv oder geht mit seinem Unternehmen unter".

Was kann getan werden?

So, wie heute kein Bauer mehr jeden Morgens den privaten Haushalten in der nahen Stadt Milchkannen liefert, stehen andere sicherlich liebgewonnene, jedoch in die Jahre gekommenen Geschäftsmodelle auf dem Prüfstand. Gerade durch den Einsatz digitaler Geräte und Kommunikationsmöglichkeiten kommt es zu unglaublichen Innovationsgeschwindigkeiten und damit verbundenen, rasanten Änderungen in der Wertschöpfung. So können viele Waren 24 Stunden an sieben Tagen der Woche angeboten und bestellt werden und in einer Grundversion am gleichen oder spätestens nächsten Tag zugestellt sein. Ein anderes Beispiel sind Funktionserweiterungen: Durch spätere Freischaltungen oder Softwareupdates können die Funktionen entsprechend vorbereiteter Waren verbessert oder grundlegend erweitert werden. Ein dritter Weg ist es, im Bestellverlauf die Konstruktion und Ausführung weitreichend zu beeinflussen. Auf die bäuerliche „Milchkanne" übertragen heißt das heute, sie kann je nach Bedarf gefüllt werden, durch Zusatzproduktion aufgewertet und natürlich optimal temperiert genau zum gewünschten Zeit ausgeliefert werden.

Ein weiteres, aber sehr deutliches Beispiel der beginnenden 2000er-Jahre ist für mich das Smart Phone. Eitle Menschen brauchten das Gerät nur weil es schick war. Die Stärken des Smart Phones als „Plattform moderner Telekommunikationstechnik" liegen in der Verwendung von werbefinanzierten oder kostenpflichtigen Apps. Erst hiermit wird die verfügbare Leistung des Smart Phones umfänglich genutzt und ein vielfältiger Einsatz des Gerätes erreicht. Viele der Apps haben mit den Telefon-Grundfunktionen selbst nichts mehr zu tun, sondern stehen mit Webseiten, Onlineshops, Spielservern oder Arbeitsplattformen bzw. bereits vom PC bekannten Programmen in Verbindung. Meistens sind es spezielle auf das Display abgestimmte Varianten bzw. extra entwickelte Versionen des Web Angebots.

Diesen beiden Beispielen stehen für eine Vielzahl von Möglichkeiten, wie sie auch auf Ihr Geschäft übertragen werden können. Denn das Prinzip lässt sich auf fast alle Maschinen und Dienstleistungen übertragen, bis hin zu so komplexen Systemen wie Fertigungsstrecken aus Fräs-, Stanz- und Druckmaschinen, Montage-, Schmiede-, Spritz- und sogar Pflegeroboter, sowie in die Logistik mit Taxi, Kurier, Container, Automobilen, Flugzeugen oder Schiffen.

So gelingt die digitale Transformation des Geschäftsmodells

Vertrauen Sie Landkarten? Für alle die bereits vergessen haben, was es damit auf sich hat: Es ist eine Art papiergebundene Version von Google Maps. Leider ohne „Update Funktion" und ohne „Echtzeit" Bezug. Also ohne Stauwarnung, ohne Sperrungen und Umleitungen anzuzeigen oder zu berücksichtigen. Auch wird es keine auf Sie bezogene Einblendungen von unterschiedlichen Zielen geben können, wie etwa: alle Apotheken, Tankstellen, Restaurants, Pensionen, Telefonläden, Schuhgeschäfte oder Tierärzte. Allerdings ist die Landkarte auch immer verfügbar, sogar im Funkloch. In Analogie zur Landkarte gebe ich Ihnen, ausgehend von der analogen Realität eine Beschreibung meines Vorgehens bei der Transformation und Anpassung eines Geschäftsmodells in die digitale Zeit.. Dabei ist das Ziel: Gewinnen des Überblicks und Erschaffen eines genauen Abbilds der analogen Realität – Wie ist Ihr Unternehmen strukturiert, welche Abläufe gibt es, wie sind diese geregelt. Ohne dieses Wissen braucht niemand auch nur einen Versuch zu unternehmen, mit einer wie auch immer gearteten Digitalisierung zu starten. Nur mit der Erfassung Ihrer Unternehmens-Landkarte kann ein Start in den Änderungsprozess gelingen. Sie ist die Grundlage der weiteren Entwicklung. Beim Erfassen gilt es kritische Fragen zu stellen:

▶ Hat es mit unserer Wertschöpfung zu tun, oder kann es weg?

▶ Hat es sich bewährt?

▶ Ist es Ballast oder erfüllt es eine unverzichtbare Aufgabe?

▶ Was ist nicht definiert aber lebenswichtig?

Nun gilt es die herauskristallisierten Prozesse zu betrachten, an die neuen Herausforderungen und Abläufe anzupassen um sie dann in die digitale Form zu überführen – z.B. in ein ERP-System. Wie kann diese Anpassung aussehen? Dazu habe ich im nächsten Abschnitt die Formen des Wandels zusammengetragen.

Wie vollzieht sich der Wechsel

Wie wechselt ein Unternehmen aber nun das bestehende Geschäftsmodell? Dabei unterscheidet man zwischen evolutionären und disruptiven Änderungsprozessen. Evolutionär steht für die gezielte Anpassung und das Aussortieren des Ballastes. Dem gegenüber steht der Wandel durch einen harten Bruch. Diesem liegt die sofortige Aufgabe des einen und die Ablösung durch ein neues Geschäftsmodell zu Grunde. Bekannt wurde „Disruption" oder der „disruptive Wandel" mit der Diskussion der New Economy aus dem kalifornischen Silicon Valley – einem der bedeutendsten Standorte der IT- und High-Tech-Industrie. Bei einem Wechsel von Geschäftsmodellen kann dazu gesagt werden: Je höher die Innovation ist, die mit dem Wechsel umgesetzt ist, je schneller, härter und abrupter wird der Wechsel des Geschäftsmodells ausfallen. Oder, wer lange nichts angepasst hat, steht unter großem Druck.

... Geschäftsmodell Evolution

Das Wichtigste bei der evolutionären Anpassung des Geschäftsmodells ist, dass die Unternehmenslogik erhalten bleibt. Die Neuerungen werden parallel mit dem Marktverhalten und dem technologischem Fortschritt umgesetzt.

▶ Effizienzsteigerung aus technologischer Entwicklung

▶ Produkte und Serviceleistungen werden digital veredelt

▶ Produktfunktionen werden digitalisiert

▶ Produktnahe digitale oder digital-ausgelöste Services

... Geschäftsmodell Disruption

„Disruption" – ein Prozess, der ein bestehendes Geschäftsmodell oder sogar einen gesamten Markt auf einen Schlag verändert. Gekennzeichnet ist die Disruption dadurch, dass die Unternehmenslogik sehr stark verändert wird. Keine langsame Anpassung sondern die absolute Umwälzung. Sicher fragen Sie sich besorgt, „wie kann das mit meinen Mitarbeitern geschehen? Was sagen meine Kunden dazu?" Betrachten wir zunächst erst einmal die Aufgaben:

▶ Umbau auf Wert- und Serviceorientierung

▶ Offene Konzepte:Service statt Kauf

▶ Wertschöpfung des Gesamtsystems über den gesamten Lebenszyklus

▶ IT-getriebene Technologien kommen zum Einsatz

„Disruption" – vom Schmerz des Wandels

Wie ich es beschrieben habe, können mitunter bestehende Geschäftsmodelle durch eine sanfte Änderung oder Erweiterung von Prozessen aktualisiert werden. In anderen Branchen oder bei wahren Technologiesprüngen besteht diese Option nicht. Dann helfen nur disruptive („alles zerschlagende") Änderungen.

Anbei kurze Beispiele für grundlegenden Wandel: Die flächendeckende Erreichbarkeit durch Overnight-Logistiker, Online-Vertriebsplattformen, die Einführung von Lieferdiensten, die Streamingdienste in Musik- und Filmbranche oder auch die vielen Car-Sharing-Modelle. Immer schaffen starke Innovationen eine unbändige Neuerung, die alte Geschäftsmodelle im wahrsten Sinne „alt" aussehen lässt. Wollten Sie es glauben, das das Jahrhundert der Zeitung, irgendwann zu Ende ist? Das der Fernseher mit fester Programmstruktur ein Auslaufmodell ist und dass die IT heute bereits deutlich mehr Arbeitsplätze zur Verfügung stellt als Automotive (die gesamte Industrie rund um das Automobil)? Es ist die Zeit der Ablösung und unnachgiebiger Verdrängung bestehender, traditioneller Geschäftsmodelle, Produkte, Technologien oder Dienstleistungen. Kein Wunder, dass der Begriff „Disruption" häufig in der Startup-Szene genutzt wird. Hier steht er zusätzlich als Pseudonym für ein revolutionäres Denken von Gründern und Gründerinnen. Machen Sie es sich zu eigen, wenn Sie über Erhalt und Änderung nachdenken.

Begleiten Sie mich weiter, dann zeige ich Ihnen eine Methode auf, wie bereits durch die Änderung der Strategie ein positiver Effekt für Ihr Unternehmen entstehen kann. Das ist ein deutlich einfacherer Weg, als der bisher beschriebene. Er bedarf jedoch ebenfalls einer stringenten Planung und Umsetzung.

„Pivot" oder substanzielle Änderungen bei bestehendem Geschäftsmodell

„Pivot", ein Begriff aus dem Englischen (drehen, schwenken / Dreh- und Angelpunkt), entstammt dem Lean Startup Modell von Eric Ries (http://www.gruenderszene.de/lexikon/begriffe/lean-startup). Es umschreibt einen Kurswechsel durch empirische Validierung (Bestätigung aus Praxiserfahrungen). Das Prinzip kann ich gut auf Ihre Situation in kleinen und mittleren Unternehmen übertragen, denn Rückmeldungen aus der Praxis kommen hier wesentlich schneller und ungefilterter an, als es beispielsweise in der Industrie der Fall wäre.

Beim Pivot bleibt das Geschäftsmodell in seinen Grundzügen erhalten. Die grundlegenden Änderungen betreffen die Strategie. Das alleine kann häufig schon zum Erfolg führen und bedeutet einen kleineren – „schmerzarmen" – Änderungsprozess im Unternehmen.

▶ Die Auslöser von Änderungen sind vielfältig. So kann es ein spontaner Einzelanlass sein oder die Summe aus mehreren beauftragten Kontrollmaßnahmen: ernst genommene Kundenfeedbacks

▶ Unabhängige oder selbst beauftragte Tests

▶ Eine neue Wettbewerbs- und Konkurrenzsituation

▶ Veränderte rechtliche Rahmenbedingungen oder

▶ Generell neue Marktumstände

Diese können letztendlich zu der Erkenntnis führen, dass eine notwendige Strategieanpassung ansteht. Häufig wird der Begriff in Startups benutzt. Auf Flexibilität aufgebaute Geschäftsmodelle erleichtern die Strategieanpassung. Wenn Sie noch die Wahl haben, so ist ein „Pivot" der „Disruption" vorzuziehen. Der Grund dafür liegt bereits in den kleineren Investitionssummen und dem sehr viel geringeren internen wie externen Kommunikationsaufwand.

Als nächstes stelle ich Ihnen vor, wie die Digitalisierung des bestehenden Geschäftsmodells erfolgen kann.

Formen des Wandels:

Es wird immer darum gehen, die an Ihr Unternehmen gestellten Anforderungen schneller, besser oder kostengünstiger zu erfüllen. Dabei ist das „Kundenspezifische" optimal erkennen, erfassen und in den Mittelpunkt zu stellen. Erst danach ist zu schauen, was von den spezifischen Rahmenbedingungen erhalten bleibt, wo es Anpassungen geben muss und wo etwas Neues dazu kommen wird. Das kann Ihre Produkte und Leistungen betreffen, die Herstellung, die Art und Weise sowie die Wege der Kommunikation und Transaktion, der begleitende oder sich anschließende Service sowie die unterstützende Software und IT Umgebung umfassen. Hier die Methoden, die der Anpassung zu Grunde liegen:

▶ Fokussierung (Zoom-in) ... ein einziges Feature aus dem Bestehenden wird zum neuen Produkt, zur eigenständigen Leistung weiterentwickelt.

▶ Erweiterung (Zoom-out) ... das ursprüngliche gesamte Produkt/Leistung wird nur noch ein einzelnes Feature des neuen Produkts, der neuen Leistung sein. Es gilt die erweiternden Module zu benennen.

▶ Markt-Wechsel (Customer-Segment) ... unverändertes Produkt/Leistung wird einer veränderten Zielgruppe angeboten.

▶ Produkt-Wechsel (Customer-Need) ... bestehende Zielgruppenbedürfnisse werden mit neuem Produkt bedient.

- Fokuswandel (Business-Architecture) ... Fokus des Absatzes ändert sich, Leistung/Produkt werden von B2B zu B2C und umgekehrt.
- Technologiewechsel ... grundlegende technologische Veränderung in Produkt und Produktion.
- Strategiewandel ... Veränderung von Monetarisierung, Positionierung, Kommunikation, Preismodell.

Nehme ich jetzt richtig an, dass Sie schon weiterdenken und sich gerade fragen, welches Produkt bei Ihnen dringend den Kundenbedürfnissen angepasst werden muss? Dann sind Sie auf dem richtigen Weg! Dazu betrachte ich im nächsten Kapitel, was die „Neuen" eigentlich anders machen., Denn wie heißt es immer? Alle kochen nur mit Wasser. Jedoch ist es ein großer Unterschied, ob man den Topf dazu mühevoll über dem Holzfeuer, auf einen Propankocher oder einem Induktionsherd erwärmt.

Für KMU gibt es drei Gründe für den Wandel:

- Validierte Fakten auf Grundlage betriebswirtschaftlicher Ereignisse, unter Berücksichtigung der Erfahrungen und Erkenntnissen von Mitarbeitern, Kunden, Lieferanten und Beratern bedingen Veränderung.
- Stichhaltige Zahlen einer qualitativen Marktforschung bilden die Basis für Änderungen.
- Fortschreitende digitale Transformation bietet die Möglichkeit, einen grundlegenden Wettbewerbsvorsprung zu erlangen.

Es muss sichergestellt sein, dass der neue Weg besser ist als der alte und das Unternehmen erfolgreicher am Markt agieren wird als zuvor bzw. erfolgreich in einen neuen Markt einsteigt.

Fazit: Wandel des Geschäftsmodells

Jeder kennt den Spruch „Never change a running system", doch ist dieser eine geschwächte Abwandlung des Originals. Der kommt aus dem Sport: „never change a winning team".

Ein „running system" kann auch die „Reise nach Jerusalem" sein, ein Gesellschaftsspiel über mehrere Runden, bei dem es immer einen Stuhl weniger gibt als Mitspieler und am Ende einer Runde derjenige ausscheidet, der kein Platz gefunden hat. Wer dagegen als Mannschaft segelt, wandert oder im Business agiert, der weiß welche Stärke man besitzt, wenn man zu denen gehört, die im Kampf um den Meistertitel sind – hier tauscht man nicht das System, sondern allenfalls Strategien, um leistungsfähiger zu werden!

Besonders beim Geschäftsmodell sollte diese Überlegung Anwendung finden. Ich rate meinen Kunden: „Tauschen Sie nicht die Mannschaft, sondern das Geschäftsmodell oder die Geschäftsstrategie, um flexibel und erfolgreich zu bleiben.". Das bedeutet aber auch, nicht nach „Lust und Laune" neue Geschäftsmodelle auszuprobieren, sondern nur, wenn es dafür gute, rationale Gründe gibt. Dagegen ist immerwährend die Analyse zu führen, ob die alten Kundenbedürfnisse noch bestehen und ob neu erkannte Bedürfnisse ebenfalls Erfüllung finden oder eine Anpassung notwendig machen.

Unterstützung bei der Umsetzung

Einleitend sprach ich von ersten sanften Schritten. Die ersten sanften Schritte haben Sie mit den Übungen in den letzten Kapiteln bereits gemeistert. Wie geht's weiter? Sicherlich können Sie an Ihrem Unternehmer/-innen-Stammtisch einen ersten Austausch zu unserem Thema finden. Manch eine Geschichte aus der Branche ist sehr spannend anzuhören, doch wenn es um ernsthafte Pläne geht, dann heißt es, branchentypische Software suchen. Neben einem Projektmanager benötigen Sie dann noch einen fähigen IT-Spezialisten, der die Umsetzung plant, durchführt und anschließend den Betrieb weiterhin betreut. Es wird vermutlich nicht der gleiche Spezialist sein, der Ihre PCs wartet und die E-Mail Server einrichtet. Dafür ausschlaggebend ist, in welchem Maße Sie die Transformation voranbringen wollen und wie die letztendliche Vision aussieht, die realisiert werden soll. Ja, Vision. Ungeachtet der Aussprüche des verstorbenen Altkanzlers Helmut Schmidt, der Visionäre lieber zum Arzt schicken wollte. Das Projekt der Digitalisierung wird einer Vision folgen. Aus der Vision wird die Strategie und letztendlich das Ziel definiert. Erst danach startet die Umsetzung. Ein für alle Beteiligten verständliches Ziel zu beschreiben ist der erste Schritt auf dem Weg der Umsetzung. Um dieses Ziel vor Augen zu bekommen, ist Ihre Digital-Kompetenz gefragt. Digital-Kompetenz muss erworben werden. Ich habe erlebt, dass Unternehmensinhaber über ein halbes Jahr zu Workshops und Seminaren gingen. Es ist auch nicht verwunderlich, wenn ein Unternehmensleiter seine Arbeit an einen Interimsmanager abgibt, um sich für die nächsten 12 Monate weiterzubilden und in der Zeit auch Besuche bei digitalen Pionieren und in stark vernetzten Unternehmen vornimmt. Ein großer deutscher Verband hatte zur Entwicklung von Vision und digitaler Strategie sogar einen Geschäftsführer abgestellt. Mit hohem finanziellen und zeitlichen Aufwand wurde so die tragende Idee für die nächsten Jahre erarbeitet. Mit Nachdruck verweise ich auf die Notwendigkeit und Größe Ihres Schritts: Mit der Ideenentwicklung bestimmen Sie die Investitionen und Entwicklung der Arbeit für die nächsten Jahre. Ich empfehle dazu ein begleitendes Coaching sowie vor dem Projektstart extern moderierte Workshops mit den Stakeholdern des Projekts durchzuführen. Das erweitert den Blickwinkel, sichert Verständnis und Zustimmung aller Beteiligter und garantiert letztendlich den Erfolg der Umsetzung.

Vor der Vision stehen aber erst einmal Anregungen. Wo können diese herkommen? Zum Beispiel von Ihrem Großhändler. Der betreut viele Unternehmen als Dienstleiter und hat vielleicht weitere Kunden aus Ihrer Branche. KMU gehören auf jeden Fall zu deren Kundenstamm, Großhändler bedienen weitaus mehr als nur einen Kunden und hören sicherlich viel Aktuelles. Neben den gut informierten Händlern gibt es weitere Vertraute, die Sie um Rat fragen können; es sind Ihre Zwischenhändler, die eine hohe Glaubwürdigkeit durch ihre Empfehlungen genießen.

Darüber hinaus gibt es im weitesten Sinne die „Wissensarbeiter": In Verband, Kammer, Innung und Berufsgenossenschaft sowie als Anwalt und Steuerberater. Menschen und Unternehmen zu denen Sie mehr oder wenig intensive Geschäftsbeziehungen unterhalten. Sie werden sicherlich den Kontakt zu weiteren relevanten Unternehmen, Förderpartnern, Geldquellen u.s.w. vermitteln können. Eine weitere Gruppe wichtiger Tippgeber im KMU-Umfeld sind IT-Dienstleister, Coaches und Unternehmensberater. Viele bilden sich selbst in hohem Maße weiter und kooperieren mit Universitäten und innovativen Partnerunternehmen. Diese gilt es für Sie zu finden, anzufragen und zu binden. Sie finden sie durch Recherchen im Internet sowie dem Besuch von Messen und themenbezogenen Veranstaltungen. Leider muss ich feststellen, das Banken hier zur Zeit nur sehr eingeschränkt kompetent sind. Betrachten Sie alle bisher genannten potenziellen Helfer nicht als diejenigen, die „Schlüsselfertiges" liefern, sondern eher als Lotsen, Vertraute oder Sparringpartner für den Mittelstand. Sie werden Ihnen Inspiration, Handlungsanweisungen und Schlüssel zum richtigen Weg reichen können. Welche Wege das sind, lesen sie auf den folgenden Seiten.

Kapitel 7 ... Sieben Wege

Die sieben Wege des erfolgreichen Einsatzes von IoT und CPS in KMU

Wo die sieben Wege hinführen werden, habe ich Ihnen bereits auf den ersten Seiten des Buchs, in der Einführung, aufgezeigt. Mit den Etappen auf dem Weg zum 4.0 (S. 26) haben Sie dann die einzelnen Schritte kennengelernt, die Ihr Unternehmen während des Digitalisierungsprozesses durchschreiten wird. Es waren die notwendigen Stationen einer sehr erstrebenswerten Entwicklung zur besseren Erfassung und erfolgreichen Erfüllung der Kundenbedürfnisse und damit Gewinngenerierung. Auf den sich anschließenden Seiten haben Sie das Rüstzeug bekommen, um tiefer in die Wege einsteigen zu können, Ihren Führungsstil anzupassen und die richtigen Entscheidungen zum gewinnbringenden Geschäftsmodell sowie der Anpassung für Ihr Unternehmen zu treffen. Nun lernen Sie die sieben Wege und die Möglichkeiten der Digitalisierung kennen und sind danach in der Lage, sie auf genau die Herausforderungen Ihres Unternehmen anpassen.

In den kommenden Abschnitten informiere ich Sie über die Entwicklungsrichtungen, die Besonderheiten, Chancen aber auch Risiken der einzelnen Wege. Interessant und spannend ist ein jeder für sich, doch nur einer wird zu Ihrem Unternehmen bzw. zu Ihrer Geschäftsidee passen. Entdecken Sie, was es für weitere Modelle gibt und suchen Sie eventuell nach Unternehmen, mit denen Sie über Ihre Unternehmensgrenzen zusammenarbeiten. Des weiteren gilt es temporär Fachwissen ins Unternehmen zu holen, Umsetzungen zu planen und zu verwirklichen sowie gemeinsame Plattformen zu bilden, um den Gedanken der digitalen Vernetzung zur gemeinsamen Wertschöpfungskette ins Leben zu überführen. Ich wünsche Ihnen, dass Sie damit einen deutlichen Vorteil im Markt erzielen und Sie damit die Richterskala Ihre Branche definieren. Sie sind Unternehmer und Unternehmerin – wer sollte es sonst tun, wenn nicht Sie?

1. Assistenzsysteme = Dienstleister und Serviceanbieter kommunizieren zu Arbeitsaufträgen bzw. erhalten Informationen und Handlungsanweisungen in Auswertung von Ort / Zeit, QR-Code, Eingaben auf dem Display oder in Verbindung mit momentanen Bild und Videoaufnahmen. Assistenzsysteme stehen in Verbindung mit einer Internetplattform.

2. Internet of Service = Internet-Plattform- und IoT-Daten werden erhoben oder eingekauft um sie auszuwerten und entsprechende Service- bzw. Dienstleistungen zu erbringen.

3. IT/IKT Dienstleister, Wissensarbeiter*innen, Institute = Hier werden Strategien für den digitalen Wandel erarbeitet, technischen Voraussetzungen geschaffen und für Kunden umgesetzt, ferner werden Unternehmen im anschließenden Arbeitsalltag begleitet.

4. IoT-Anwender = Produktions- oder Dienstleistungsunternehmen mit Einsatz einer sensorbehafteter Maschine, die mit dem Internet verbunden ist und Daten an den Hersteller übermittelt

5. Hersteller von IoT-Geräten = Hersteller von Geräten in denen Sensoren Daten erfassen und mittels Übertragungsfunktionen senden. Gleichzeitig kann das Unternehmen auch der Empfänger der Daten sein und als Betreiber der CPS aktiv sein.

6. Lieferant „fit für Industrie 4.0" = Übernahme von Daten aus der vernetzten Industrie liegen der Produktion des Unternehmens zu Grunde. Konstruktion, Ressourcenplanung sowie Logistik sind ebenfalls digital vernetzt.

7. Produktion unter Einsatz von CPPS = Unternehmen mit komplett vernetzter Produktion sowie Unternehmen die IoT Geräte oder Gegenstände herstellen.

Sieben eigenständige Wege zeigen auf, wie kleine und mittlere Unternehmen in Verbindung mit den zeitgemäßen Technologien, Geschäftsmodellen und Arbeitsweisen von Mittelstand 4.0 einzuordnen sind.

Entdecken Sie das Potenzial Ihres Unternehmens, bewerten Sie Herausforderungen vs. Chancen und lassen Sie sich zu Wechsel und Entwicklung inspirieren.

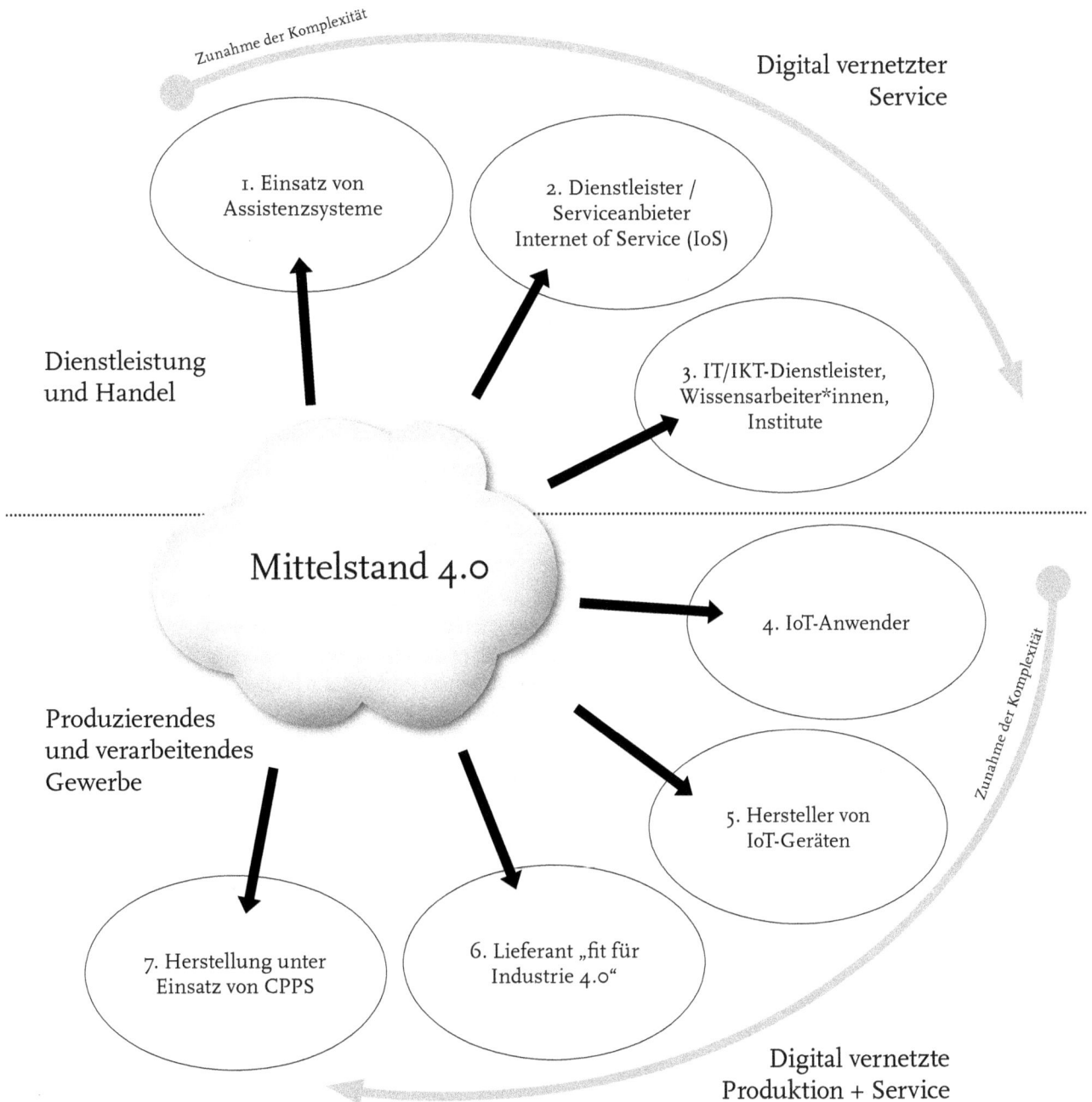

Weg 1) Assistenzsysteme

Assistenzsysteme in Form von Smart Phone, Tablet oder Datenbrille sind vielfältig. Je nach Ausrichtung ermöglichen sie Ihnen:

▶ Entscheidungen auf Grundlage von Echtzeitdaten oder Livebildern in Verbindung mit Algorithmen zu fällen, um Handlungsempfehlungen zu treffen.

▶ Bei Bedarf spezifische Vorlagen oder Unterlagen eingeblendet zu bekommen und so direkt vor Ort beim Kunden agieren, präsentieren und überzeugen zu können.

▶ Ambulant Bilder sowie Daten zu erfassen, mit weiteren Angaben zu versehen und zur Bearbeitung ins Unternehmen zu übermitteln.

▶ Maschinendaten auszulesen, Servicedaten vor Ort beim Kunden einzusehen, auf die Objekthistorie mobil zuzugreifen und Änderungen einzupflegen.

▶ Abrechnungsrelevante Daten können personen-, objekt- und zeitbezogen unmittelbar erfasst werden und ohne Aufwand zur Speicherung und automatischen Verwertung übermittelt werden.

▶ Dieser Weg kann eigenständig sein und Ihnen zu einem neuen Geschäftmodell verhelfen. Er kann aber auch parallel mit einem anderen Entwicklungsweg beschritten werden. In diesem Fall wird er speziell einer Service-, Montage- oder Dienstleistungs- Abteilung unterstützend dienen und ihr zu einer hohen Produktivität und Eigenständigkeit verhelfen.

Bis gestern war es nur ein Smart Phone

Ein um Potenzen verbesserter Service steht hier im Fokus. Es ist die zweite Art und Weise, wie kleine und mittlere Unternehmen sowie das Handwerk im Kontakt mit Daten aus dem Internet produktiver werden. Auf den Einsatz von Assistenzsystemen werden Handwerker, Serviceunternehmen, Dienstleister und Monteure bald nicht mehr verzichten wollen.

Assistenzsysteme kennen heute zumindest alle Autofahrer aus dem eigenen Kraftfahrzeug. Kaum ein Neuwagen, der nicht mir diversen Assistenzfunktionen aufwartet und Ihnen das Fahren erleichtert. „Konzentrieren Sie sich auf das Wichtige" – denn Routine und reine Wissensabfrage kann der Computer einfach besser, ausdauernder und in gleichbleibender Qualität erledigen als ein Mensch, privat wie auch im Business. Mit Assistenzsystemen sind mobile Geräte gemeint, die situationsbedingte Hilfestellungen bieten. Gehen wir vom Einsatz von handelsüblichen Smart Phones und Tablet-PCs sowie iPads aus. In Kürze kommen Datenbrillen und ähnliche Hilfsmittel der virtuellen Realität dazu.

Echtzeit-Situation besser und effizienter bewältigen

Die Daten aus den Sensoren des Mobilgeräts, manuelle Eingaben über das Display sowie Bilder aus der Kamera werden zur Datenerfassung herangezogen. Es können Strich- und QR-Codes gescannt, RFID-Informationen ausgelesen, Echtzeitbilder aufgenommen und physikalische Größen wie Zeitspannen, Geodaten, Längenmaße oder Geschwindigkeiten erfasst, aufgezeichnet und letztendlich ausgewertet sowie gespeichert werden. Als Antwort werden Informationen wie Pläne, Anweisungen oder Auswahlkriterien zum Mobilgerät übertragen bzw. aus deren Speicher aufgerufen. Der Nutzer kann schnell und nutzbringend auf Ergebnisse zugreifen und dementsprechend fundierte Entscheidungen treffen.

Die Aktionen des Assistenzsystems können sehr vielfältig sein. Vorstellbar sind z. B.:

▶ Die Übermittlung von Aufträgen und das Erfassen der Umsetzung

▶ Anweisungen / Fragestellungen, zum Eingrenzen von Fehlern

- Konkrete Handlungsanweisungen die der jeweiligen Situation angepasst sind
- Überlagerung von digitalen Bau- und Montageplänen und den Bildern aus der Kamera. Damit werden Hangriffe bei Aufbau, Wartung, Austausch oder Reparatur richtig und schnell ausgeführt. Eine gleichzeitige Dokumentation der Arbeit ist möglich.
- Anweisungen als Sprachnachricht oder als Video sowie Liveschaltungen mit Experten ermöglichen hochkomplexe Arbeiten
- Präsentation von Formularen, die Sie für Ihr Unternehmen ausgefüllt benötigen, um neue Prozesse in Gang bringen (z.B. Angebote erarbeiten, Bestellungen platzieren, Test- oder Montageergebnisse erfassen und speichern, u.v.m.)
- Leistungsberechnungen durchführen, Ausführungen protokollieren und Abrechnung konkretisieren.

Im Unternehmen

Was heißt das für Sie und Ihr Unternehmen im Konkreten?

Die Geschäfts- und Arbeitsprozesse müssen erkannt, erfasst und digitalisiert werden, damit sie vollumfänglich unterstützt werden können. Alles Wiederkehrende kann digital abgebildet werden. Dabei ist es sinnvoll, Prozesse zu standardisieren und im Ablauf so simpel wie möglich zu gestalten. Unnötiges, rein Rhetorisches, Wiederholungen, Unwichtiges werden konsequent entfernt. Jeder Prozess muss so konkret und logisch sein, wie es nur geht. Hier muss in der Vorbereitung und im Aufbau sehr viel Zeit investiert werden und erfahrene Prozessberater sind zu involvieren.

Praxisbeispiel:

Dazu gehen wir auf den Bau. Es ist ein neuer Schutzanstrich aufzubringen. Welche Schutzmaßnahmen sind zu treffen? Wie muss sich der Mitarbeiter richtig kleiden um seine Gesundheit nicht zu gefährden? Dazu wird eine entsprechende Anwendung (App.) auf dem Smart Phone aufgerufen. Mit der eingebauten Kamera wird der Barcode der Handelsverpackung gescannt. Sogleich werden genaue Bezeichnungen mit Spezifikationen des Produkts eingeblendet und dazu die persönlichen Schutzmaßnahmen als verständliche Piktogramme dargestellt, wie z. B. gelbe Nitril-Arbeitshandschuhe, eine FFP2 Atemschutzmaske, eine geschlossene Brille. Damit könnte es getan sein, oder wollen Sie noch mehr?

Wie wäre es dann, wenn sich gleichzeitig ein Eingabefeld öffnet, das Datum, Uhrzeit, Geodaten, Wetterlage inkl. Temperatur und eigene Telefonnummer automatisch erfasst. Projekt- oder Objektname werden über die Tastatur oder via Stimme eingegeben, ebenso die Menge der eingesetzten Produkte sowie der Verbrauchsmaterialien, wie Pinsel, Lappen, Reinigungsmittel, damit alle Daten für die Abrechnung vorliegen und für eventuelle Nachweispflichten qualifiziert sind.

Was passiert im Hintergrund? Nach der App-Installation auf dem Telefon, erfolgreicher Autorisierung und Login steht die Service-Anwendung bereit. Wird jetzt eine Verpackung gescannt, so werden die Daten mit denen im zentralen Datenspeicher hinterlegten verglichen und mittels Algorithmen zu konkreten Handlungsanweisungen. Gewünschte Informationen werden übertragen und dem Nutzer sofort angezeigt. Weitere Möglichkeiten, wie die Erfassung und Speicherung von Objektdaten werden dem Smart Phone-User vorgeschlagen oder, wie im Beispiel dargestellt, bereits automatisiert erfasst. Gefährdungen durch den Scan einer Verpackung zu erkennen und gleich geeignete Schutzmaßnahmen anzuzeigen, ist ein einfacher und nützlicher Vorgang, der durch die Berufsgenossenschaft Bau verwirklicht wurde und allen Mitgliedern zur Verfügung steht.

Weiterführend die Daten in einer Datenbank abzulegen, um sie zu dokumentieren und daraus Abrechnungen und spätere notwendige Nachweise zu erstellen, ist eine sehr nützliche Funktion, die z.B. von Drittanbietern als eine monetäre Zusatzleistung angeboten werden könnte. Ein weiterer Ausbau der App könnte das Hinzufügen von Fotos zur Dokumentation und als Nachweis sein. So ein entstehendes

System sollte gut anpassungs- und ausbaufähig bleiben, denn einmal eingeführt – werden Sie wie auch andere Anwender sehr schnell einen weiteren Bedarf entdecken.

Lassen Sie uns ein weiteres Szenario betrachten – den Einsatz eines Assistenzsystems auf einem Tablet. Der Vorteil: Es lassen sich deutlich mehr Informationen darstellen. Ein „Datencockpit" kann angezeigt und Videosequenzen können eingespielt werden. Bei der Dateneingabe werden komplexere Formulare bis hin zur Bild- und Videoaufzeichnung möglich.

In den nächsten Jahren kommen weitere technische Systeme auf den Markt, die zum einen die Hände frei geben und zum anderen deutlich komfortabler in der Bedienung werden. Allein eine Brille mit Kamera- und Monitorfunktion stellt neue Bewegungsfreiräume sicher.

Ein weiteres Anwendungsbeispiel: Assistenzsysteme sind heute in der Gastronomie alltäglich geworden. Bestellungen werden über ein Mobilgerät oder Smart Phone aufgenommen und an den Tresen oder die Küche übermittelt. Bevor sich das Servicepersonal von Ihrem Tisch entfernt werden Ihre Wünsche schon umgesetzt. Die Daten stehen zu Abrechnung, Lagerverwaltung, Bedarfsplanung und Einkauf ebenfalls bereit. Besonders in asiatischen Ländern wurde das System bereits deutlich erweitert. Hier können über das Mobiltelefon des Gastes bereits die Bestellungen vor dem Betreten des Restaurants getätigt werden. Die Abbuchung der Rechnung erfolgt über elektronische Zahlsysteme und der Gast erhält eine Tischzuweisung via Mail sowie den Link zur Bewertung von Service und Geschmack. Persönliche Vorlieben, die Berücksichtigung von Allergien, aber auch Bonussysteme, Marketingwerkzeuge u.v.m. lassen sich so zu einer nie gekannten Präzision umsetzen. Abwandlungen des Systems könnten in der Krankenpflege zu mehr Service und Individualität führen und die Qualität bei gleichzeitiger Flexibilisierung der Arbeitskräfte verbessern.

Aufgaben im Unternehmen

Im Vorfeld der Programmierung sind diverse Arbeiten zu erledigen. Am dringendsten gilt es zu klären, welche Maßnahmen der Datenerfassung rechtens sind und welche ggf. in die Rechte Dritter eingreifen. Wichtig ist auch die frühzeitige Einbindung der Mitarbeiter. Nur so kann eine hohe Akzeptanz und Freude auf die Erleichterungen von Beginn an erzeugt werden. Ein vorhandener Betriebsrat kann dabei ein wichtiger und fördernder Partner sein oder, wenn er nicht rechtzeitig beteiligt wird, vieles verzögern. Digitalisierung ist letztendlich immer auch eine Frage geschickter Unternehmens- und Projektleitung sowie der damit in Verbindung stehenden Kommunikation.

Neben geeigneten Maßnahmen zur Datensicherheit und Datensicherung sind außerdem im Vorfeld alle Fragen von Haftung und Versicherung zu klären.

Geschäftsmodelle und Geschäftsprozesse

Bestehende Geschäftsmodelle können um eine digitale Komponente erweitert werden. Durch bessere Erfassung von ausgeführten Arbeiten und erfolgtem Materialeinsatz gelingen nachhaltige Nachweisführungen, der Stellenwert persönlicher Sorgfaltspflicht erhöht und verbessert sich. Prognosen lassen sich auf Grund der dichteren Datenlage besser treffen und Tendenzen leichter erkennen. Mittels Assistenzgeräten können Sie:

▶ Aufträge in Echtzeit zuteilen, die Ausführung überwachen, erfassen und elektronisch abrechnen

▶ Maßnahmen für den körperlichen Schutz von Mitarbeitern verbessern

▶ Auslastung, Durchlaufzeiten sowie Kapazitäten erfassen und optimieren

▶ Konsequente Serviceorientierung einführen

▶ Schwachstellen oder Anwendungsprobleme erkennen

▶ Materialeinsatz und Prozesse verbessern

▶ Dauer der Wartungs- und Reparaturzeiten verkürzen

Weg 2) Internet of Service

In meinem Heizungs-Beispiel hatte ich schon einige Möglichkeiten aufgezeigt, dass jedes Ding auch als Service angeboten werden kann. Doch es geht noch viel weiter, denn Service ist das Gebot der Stunde. Ob Pflege von Menschen, ob Hausreinigung, häusliche oder kommunale Leistungen, Verkehrsleitung und -überwachung, landwirtschaftliche Dienste oder technische Montagen, Wartungen, Reparaturen und Dienstleitungen in der Industrie, Überwachung und Sicherheitsdienstleistungen – mittelständische Unternehmen bieten heute schon Service für vielfältigste Bereiche und Branchen an. Erweitern und verbessern Sie ihn um digitale Komponenten.

Um noch näher an den Bedürfnissen der Auftraggeber dran zu sein, werden neben den Online-Formularen und Plattformen auch die unterschiedlichsten Echtzeitdaten über Bewegung, Zustand, Aktivitäten von Menschen, Tieren, Pflanzen, sowie Einsatz, Verbrauch, Ort, Lage, Wärmequellen, Temperatur, Rauch, Auslastung und Abnutzung u.v.m. von Gegenständen, Maschinen, Anlagen und Geräten mittels Bilderkennung bzw. Sensoren erfasst und mittels IP (Internet Protokoll) übermittelt. Damit werden diese Daten zur Grundlage eines nachgeordneten Serviceangebotes. Die Daten werden auf besondere Ereignisse hin geprüft und alles auffällige als ein „Event" erfasst. Daraufhin wird eine entsprechende vordefinierte Handlung ausgelöst und ein passender Service geleistet.

Die Inhalte der Geschäftsmodelle werden entsprechend flexibilisiert, Prozesse konkretisiert und Bedürfnisse schneller erfasst und optimal angepasst bedient.

Dienstleistungen auf Grundlage von Daten

Service setzt zwei Dinge voraus: Fähigkeit und Bedarf – die Kunst dabei: IoT-Daten so auszuwerten, das gezielte Dienstleistungen bedarfsgerecht erbracht werden können.

Wer einen akzeptierten und nachhaltigen Service anbieten will, muss über Wissen, Fähigkeit und notwendiges Material verfügen um die Dienstleistung auszuüben. Man setzt Ausbildung, Schulung und in der persönlichen Entwicklung erworbene und verfeinerte Fähigkeiten voraus. Doch wirtschaftlich erfolgreich wird es erst dann, wenn einem Angebot auch ein Bedarf gegenübersteht.

Ein zu stillender Bedarf kann natürlich vorhanden sein. Das sind z. B. Faktoren wie Hunger, Durst, Versorgung, Entsorgung, Kleidung, Wärme, Wohnen, Schutz, Sicherheit, aber auch Duschen, Rasieren und Haare schneiden oder das Bedürfnis, von A nach B zu kommen.

Andere Bedürfnisse wiederum wollen erst geweckt werden, wie z. B. kulturelle und sportliche Betätigung, Handarbeit, Einzel- und Gruppenerlebnisse, Computerspiele oder der Wunsch nach Luxusprodukten und Genussmitteln. Mitunter muss ein Bedarf durch den potenziellen Kunden aber auch „erlernt" werden oder der Bedarf muss ihm „anerzogen" werden. Wie etwa das Bedürfnis, sich nach aktueller Mode zu kleiden, immer die neueste Kosmetik zu nutzen, Lebensmitteltrends aktiv zu folgen, oder gezielt Fitnessprodukte zu konsumieren. Dazu zählt aber auch, einen Körperkult mitzumachen, Tuningteile für das Auto zu erwerben oder hauswirtschaftlichen Luxus zu integrieren und einzusetzen. Auch der Wunsch nach technischen Assistenzsystemen bei Autos oder der Einsatz von Geräten zum Wasser- oder Energiesparen zählen dazu.

Das Bedürfnis politisch- oder ökologisch korrekt zu leben bzw. einen Glauben zu zelebrieren, bringt ebenfalls gewisse Servicemöglichkeiten für Anbieter mit. Einfach alles, wofür in der Regel viel, bunt oder laut geworben wird oder es uns schon so alltäglich geworden ist, das wir es uns nicht mehr aus dem Leben wegdenken können, wie die Wetterinfo auf dem Tablett-PC, auf der Armbanduhr oder im Flurspiegel.

Innovative Serviceangebote werden sich nicht mehr über das reine Vorhalten von Produkt und Leistung definieren. Angebote entwickeln sich aus Nachfragen. Um sie zu befriedigen, werden Sie auf Echtzeitdaten zugreifen und daraus Rückschlüsse ziehen.

Immer dann, wenn ein Service mehrere Optionen zulässt und mit einer echten Bedarfsmeldung „Hand in Hand" geht, wächst dies über das bisherige Maß hinaus. Gerade technische als auch immer wiederkehrende Bedürfnisse können so schnell und bedarfsgebunden erfasst sowie durch bedarfsgesteuerte Serviceangebote befriedigt werden. Als Beispiel dafür sehe ich die rechtzeitige Lieferung von Verbrauchsmitteln, die verschleißabhängige Wartung, nutzungsbedingte Reinigung, Ver- und Entsorgung, am Aufkommen orientierte Betreuung oder die Bereitstellung von Ressourcen auf Abfrage hin.

Ich denke die Beispiele haben den Blick auf den „Kern" der Bedarfsermittlung gelenkt und die Verdienstmöglichkeiten für Ihr Unternehmen skizziert. Je mehr Optionen Sie dabei anbieten, umso eher kommt es zur Anwendung. Je standardisierter, umso kostensparender können Sie diese realisieren.

Im Unternehmen

Es geht ums Geld! Um Ihr Geld. Wie erfahren potenzielle Kunden, dass Sie hier und jetzt genau das Richtige anbieten? Genau – Werbung und persönliche Empfehlungen spielen dabei eine entscheidende Rolle. Wenn die Botschaft stimmt, sind Menschen in allen Altersgruppen bereit, sich von der Wahrhaftigkeit eines Nutzenversprechens überzeugen zu lassen. Damit können Bedürfnisse geschürt werden, die erkannt und kommuniziert werden müssen, um sie dann durch passende Serviceangebote zu befriedigen. Und nun kommen Sie als Dienstleister und Dienstanbieter ins Spiel. Digitalisierung gibt Ihnen die Möglichkeit, die Interessenten zu binden und dauerhafte Kunden aufzubauen. Ein hilfreicher Weg dabei: Lassen Sie Ihre Arbeit bewerten und nutzen Sie die Reaktionen zur Werbung und zur Verbesserung Ihres Service. Das klappt im privaten wie industriellen Umfeld.

Das Angebot optimieren

Zur Optimierung eines bestehenden oder geplanten Service habe ich einen Fragenkatalog entwickelt.

▶ Wem bietet Ihr Service einen Mehrwert?
▶ Ist Ihr Angebot dort bekannt?
▶ Wer sollte zusätzlich davon erfahren?
▶ Welche Informationen braucht ein potenzieller Kunde, um Ihre Angebote nutzen zu können?
▶ Wie nehmen Kunden Kontakt mit Ihnen auf?
▶ Was müssen Sie bereitstellen, um eine Nutzung des Service zu ermöglichen?
▶ Gibt es Absprachen mit Partnerunternehmen oder Lieferanten zu treffen?
▶ Gibt es Hemmschwellen?
▶ Wie können diese überwunden werden?
▶ Wie wird der Service im wahrsten Sinne des Wortes „barrierefrei"?
▶ Wie entsteht daraus ein Markt?

Die Qualität des Service wird u. a. von der Reaktionszeit bestimmt, die verstreicht, um das Kundenbedürfnis zu befriedigen. Wie viel Zeit haben Sie, um aus einer „Nachfrage" ein „Geschäft" zu generieren? Doch zuvor stehen noch weitere Fragen an:

▶ Wer erhebt den Bedarf?
▶ Wie kann der Bedarf datentechnisch erfasst und übermittelt werden?
▶ Wer hat Zugriff auf die Daten?
▶ Wer führt den Service aus?

- ▶ Wie können „richtiger Zeitpunkt" und „richtiger Ort" kombiniert werden?
- ▶ Wie wird kontrolliert, dass alle Erwartungen erfüllt sind?

Das Internet hat hier zu einem entscheidenden Wandel im Denken der Konsumenten und Anbieter geführt. Nehmen Sie einfach die Tatsache, dass Servicezeiten heutzutage nicht mehr an Ladenöffnungszeiten geknüpft sind – ein Modell was hinfällig wurde und überlebt ist.

Praxisbeispiel

Sie kennen alle eine Reinigungsmaschine: Ein selbstfahrendes Gerät, mit dem Flure, Hallen oder Flächen gereinigt werden. Diese kann mehr oder weniger umfassend ausgerüstet sein. Warum soll so ein komplexes Gerät eigentlich nur verkauft werden? Warum kann es nicht nach Nutzung bezahlt werden? Wie wäre es, wenn die Maschine mit oder ohne Personal zum Kundeneinsatz gebracht wird und anschließend zum nächsten Einsatzort transportiert werden kann? Oder alternativ nur das Personal von Kunde zu Kunde reist, weil die Technik vor Ort verbleibt.

Stellt der Anbieter selbst das Personal oder betreibt der Kunde das Gerät selbst? Alle Mischformen sind vorstellbar. Doch können Sie sich vorstellen, dass der Kunde ein Gerät kauft und vergisst, wo das teure Stück abgestellt wurde? Vielleicht gibt es ja eine mehrschichtige Auslastung und mitunter klappt die Schichtübergabe nicht so gut. Vielleicht gibt es mehrere Gebäudeteile oder Hallen, wo sie zum Einsatz kommt. Dann wäre ein GPS-Scanner sehr gut und dazu noch ein Onlineportal, wo der jeweilige Ort des Geräts eingezeichnet ist, sowie die Füllstände von Reinigungsmittel, Abfallaufnahme, Ladezustand und gefahrene Kilometer angezeigt werden. Daraus ergeben sich neue Abrechnungsmöglichkeiten, z.B. Grundpauschale plus Zeit und Verbrauch. Das vor Ort Bilder gemacht werden, die Reinigungsablauf und Qualität dokumentieren, ist dagegen unvorstellbar? Achtung, hier muss geprüft werden, wie sensibel die Flächen sind und ob eine Gefahr entsteht, das technische Geheimnisse, Personen oder Schließanlagen abgebildet werden, die dann in die falschen Hände gelangen könnten.

Im Umgang mit Daten beachten

Daten im Service einsetzen heißt aber auch, gesetzliche Richtlinien und Kundeninteressen berücksichtigen. Jede Erhebung, Übernahme oder Übergabe von Daten ist mit entsprechenden Verträgen und Autorisierungen verbunden. Erheben Sie nur die Daten, die Sie wirklich benötigen. Zum einen ist das eine gesetzliche Forderung und zum anderen belasten Sie Ihre IKT Systeme nicht mit einem unnötig hohen Datenaufkommen. Jede Art von Daten beinhaltet eine schutzwürdige Information. Jede Datenweitergabe ist an rechtliche Auflagen gekoppelt. Auch müssen alle Beteiligten über die Tragweite des Umgangs mit personifizierten Daten informiert und rechtssicher geschult und belehrt werden. Das betrifft den Betreiber des IoT-Gegenstandes genau so wie Betreiber eines Rechenzentrums sowie alle Dienste- bzw. Serviceanbieter. Es lohnt sich, mit dem Geschäftsmodell auch alle rechtlichen Grundlagen zu recherchieren und die geschäftlichen Vorgänge vertraglich sicher zu gestalten.

Geschäftsmodelle und Geschäftsprozesse

Daten sind die Währung von morgen. Auf Grundlage erhobener oder eingekaufter Datenereignisse werden Handwerk und KMU ihre Geschäftsmodelle anpassen oder erneuern. Service im Verbund mit Gegenständen / Maschinen oder im Verbund mit Partnern in Nachbarorten oder weiteren Regionen bilden den vielleicht entscheidenden Unterschied zum Wettbewerb, der Sie nicht nur überleben lässt, sondern zum Maß der Branche werden lässt.

Erbringen Sie Dienstleistungen oder erfassen und bewerten Sie Daten? Entscheiden Sie, auf welcher Seite Sie arbeiten wollen. Denn gerade Service und Dienstleistung werden in Zukunft umfassender und immer wichtiger. Die Kombination aus Produkt und Serviceleistung wird zu einem Alleinstellungsmerkmal. Vor allem bei komplexen oder spezialisierten Produkten ist ein gutes und vor Ort stattfindendes Dienstleistungsangebot für heimische Produzenten und Produktanbieter der vielleicht einzige Marktvorteil gegenüber „Standardanbietern" oder „Fern-Ost Produkten". Abrechnungsmodelle sind vielfältig, wie das Reinigungsmaschinen Beispiel zeigt.

„Smart Service" Sonderfall oder Grundlage

Von Smart Service, also vernetztem Service spreche ich, wenn die gewünschte Serviceleistung durch den Event der Echtzeitdaten selbst „bestellt" wird. Das heißt, wenn keine menschengebundene Entscheidung und Aktion notwendig ist, um den Service auszulösen. Ein gut verständliches Beispiel dafür ist ein Brandmelder, der auf Rauch reagiert und automatisch Alarm bei der Feuerwehr gibt. Ein anderes ist die Alarmierung des Sicherheitsdienstes, wenn Tür oder Fenster aufgebrochen werden. In beiden Fällen sind automatisches Signalisieren und Auslösen von Reaktionen gewollt.

Daten erheben und bereitstellen bzw. auf Daten von Drittanbietern zugreifen, wird in Zukunft eine weitaus höhere Bedeutung für den Berufsalltag und besonders bei der Wahl der Arbeitszeiten bekommen. Viele heute schon bestehenden Services werden künftig noch stärker am realen Bedarf und am Zeitpunkt des Bedarfs ausgerichtet werden. Nur dadurch werden sich die Anbieter weiter profitabel im Markt halten können, Weiterentwicklung und stete Veränderung des Geschäftsmodells mit eingeschlossen.

Fazit

► Service lässt sich nicht „mal schnell" einführen, die Umsetzung bedarf vieler Recherchen. Wenn Sie sich aber für den Weg des Service und der Dienstleistung auf Datenbasis entscheiden, setzen Sie auf Innovation und legen so den Grundstein für erfolgreiche nächste Jahrzehnte.

► Die Erhebung und Bereitstellung von Daten für Service wird in vielen Fällen für Hardwareanbieter (Hersteller von Kleidungsstücken, Gegenständen, Geräten, Maschinen) handlungsbestimmend werden. Die entstehenden Systeme bestehen dann aus einer Kombination von Hardware (das physische „Ding"), einer Internet-Plattform, einer Datenübertragung und spezifischer Software zur Auswertung. Dadurch kann eine Kombination aus Produkt und flexiblen Leistungen angeboten werden, die als Alleinstellungsmerkmal den marktbestimmenden Vorteil bei der Kaufentscheidung darstellen kann.

► Service wird als Leistungsangebot bedarfsorientiert sein. Es ist das Bestreben, den Service so zeitnah zum Entstehungsmoment des Bedarfs anzubieten und ihn im besten Fall bereits vor der Feststellung von Mängeln oder Beeinträchtigungen zur Verfügung zu stellen, um Ausfall- und Wartezeiten beim Kunden möglichst zu eliminieren. Das Angebot von flexiblem Service ist eine große Chance für regionale Wertschöpfung.

Weg 3) IT- und IKT-Dienstleister

▶ Sie sind Ideengeber und Berater bei der digitalen Transformation

▶ Entwickeln mit ihren Kunden Strategien für den digitalen Wandel

▶ Schaffen die technischen Voraussetzungen durch Strukturaufbau, Montage, Programmierung und Inbetriebnahme

▶ Realisieren die technische Umsetzung

▶ Schaffen technische Sicherheit und schulen Personal im richtigen Umgang mit der Technik

▶ Bringen Monitoring in den Arbeitsalltag, bieten Wartung und Service

▶ Sind in ihrer Begriffswahl manchmal „vom anderen Stern"

Berater sorgen für Unruhe im Unternehmen und sind Vorbote und Garant von Änderungen. Sie werden von der Unternehmensleitung benötigt und beauftragt. Ihr Erscheinen sollte im Unternehmen angekündigt werden, damit keine unnötigen Ängste bei den Beschäftigten ausgelöst werden. Wenn Berater und Projektmanager effektiv miteinander arbeiten sollen, dann müssen Sie sich eines gewissen Rückhalts in der Belegschaft sicher sein.

Wissensarbeiter*innen

Als Unternehmer und Unternehmerin haben Sie Ideen und das Potenzial für deren Umsetzung. Sie gehen geschickt mit Menschen und Technik um und sind so charismatisch, dass Sie erfolgreich Kunden akquirieren. Das konsequente Bedienen von Kundenbedürfnissen sichert ihnen lohnende Geschäfte. Trotzdem sind immer wieder Partner, Lieferanten, Banken, Anwälte, Berater, Moderatoren, Businesslotsen und Freunde gefragt, wenn es um schwierige Entscheidungen oder das Besetzen von Spezialthemen geht.

Das betrifft auch die Felder der Informationstechnik und Kommunikation, wie sie für den Wandel hin zu 4.0 Technologien und Arbeitsweisen notwendig wird. Hier geht es mit dem Schaffen der Grundlagen im Unternehmen los, wenn externe Partnern und Lieferanten mit eingebunden werden.

Es kommen besondere Dienstleister und deren Unternehmen zum Zuge. Diese Gruppe wird aus innovativ arbeitenden Selbstständigen und Unternehmen gebildet. Ich kann ohne zu übertreiben sagen, dass Sie das Rückgrat des digitalen Wandels und der Transformation bilden. Das betrifft die gut sichtbaren wie die versteckten Felder gleichermaßen:

▶ Strategie, Geschäftsmodell

▶ Interimsmanager für Projekte der Unternehmensleitung

▶ Projektdefinition und -planung

▶ Projektmanagement, Steuerung und Leitung der Umsetzung

▶ Antragstellung, Finanzierung, Behördenkommunikation

▶ Komponenten und Lieferantenauswahl

▶ Aufbau, Ausbau, Strukturmaßnahmen

▶ Entwicklung der Prozesse

▶ Personalplanung, Mitarbeiterschulung, Weiterbildung

▶ Anschluss aller Komponenten

▶ Software-Programmierung

▶ Gestaltung und Anschluss von Portalen

- ▶ Werbung und CRM
- ▶ Test und Inbetriebnahme
- ▶ Übergabe und Endabnahme
- ▶ Wartung, Service, Reparatur
- ▶ Kundendienst

Geschäftsmodelle

Ihre Herausforderung ist das Entwickeln und Beherrschen moderner Technik und die Entwicklung des notwendigen Wissens, bevor es zur ersten Anwendung kommt bzw. später zum Allgemeingut wird. Das ist keine leichte Aufgabe, denn hier stehen vorfinanzierte Forschung und Lehre ganz oben auf dem Arbeitsplan. Erworbene Erkenntnisse gewinnbringend anwenden und gleichzeitig weiteres Wissen aufbauen muss sich die Waage halten, damit der Fortschritt kein Ende hat. Eine gute Regel für einen selbstständigen Berater oder ein Unternehmen, das Innovation in die Industrie und den Mittelstand tragen will, könnte daher lauten:

- ▶ Die Woche hat vier Arbeitstage und einen Bildungstag.

Abendveranstaltungen mit Universitäten, Verbänden, Berufsgruppen gehören genauso dazu, wie die ständige Suche nach Neuigkeiten auf dem Markt, neue Software, neue Gesetze und verifizierte Erkenntnisse der Universitäten und Institute.

Ein anderer Weg für Wissensarbeiter*innen ist die Zusammenarbeit mit Fachschulen und Universitäten. Hier gilt es, die Balance zwischen Forschungsgebieten und der Anwendung in der Wirtschaft zu gewährleisten. Nicht selten treten dabei Konkurrenzsituationen auf, die es zu meistern gilt.

Abschließend kann ich nur sagen: Dieser Weg ist eine fortwährende Herausforderung. Zusätzliches Wissen und Arbeitsleistung der Berater und Co. sind für kleine und mittlere Unternehmen, sowie der Industrie unverzichtbar. Ohne externes Wissen und zusätzliche Arbeitskräfte wäre Innovation nicht umsetzbar.

Weg 4) IoT-Anwender

Sie betreiben ein Gerät, eine Maschine oder Anlage die über Sensoren verfügt und erfasste Daten an den Hersteller oder eine Serviceplattform übermittelt. Sie ist ein Vertreter des IoT (Internet of Things).

Achtung! Stellen Sie als Erstes sicher, dass niemand unbefugtes von außen auf die Maschine zugreifen kann oder sie für Hacker über das Internet erreichbar ist. Sorgen Sie für einen entsprechenden Schutz der Internetverbindung durch Firewall, VPN und Verschlüsselung der Daten (VPN = Virtual Private Network, ein virtuelles privates Netzwerk, das den Aufbau einer sicheren Datenverbindung zwischen zwei oder mehreren definierten Teilnehmern in einem offenen, ungeschützten Netzwerk, wie etwa dem Internet, gewährt). Stellen Sie Datensicherheit durch automatische Updates Ihrer Betriebs- und Sicherheitssoftware und regelmäßige Überprüfungen der Verschlüsslung Ihrer Internet-Aktivitäten her. Binden Sie dazu den Hersteller der Maschine sowie Ihren IT-Spezialisten ein.

Warum werden Daten erfasst und übermittelt? Aus den Daten können wertvolle Informationen gewonnen werden:

1. Die Ihnen schnellen Service und Wartungsleistungen des Herstellers sichern
2. Die dem Hersteller bei der Weiterentwicklung der Maschinen helfen
3. Die Ihnen – vorausgesetzt es ist vereinbart – verwertbare Daten für veränderte Geschäftsmodelle zur Verfügung stellen können und dann zur Preisfindung und Abrechnung herangezogen werden können

Maschine mit Internet-Anschluss

Der Einstieg ist schneller getan, als Sie es vermuten. Stellen Sie sich vor, Sie ordern eine neue Maschine und vor der Installation erfahren sie, dass die „Neue" ständig mit dem Internet verbunden sein will. Sie scherzen vielleicht noch, „dass die Maschine ja sehr mitteilsam sein müsse und ob sie dann überhaupt zum Arbeiten käme oder etwa noch einen Kaffeeanschluß brauche" ... und ahnen noch nicht, wie Recht Sie eigentlich mit der ersten Bemerkung hatten. Warum die Maschine Daten sendet? Damit Sie den 12 Stunden / 5 Tage oder 24 Stunden / 7 Tage Service genießen und Ausfallzeiten eliminieren oder zumindest minimieren können.

Was passiert da eigentlich? Maschinenintegrierte Sensoren erfassen Temperatur, Last, Stromverbrauch, Vibrationen, Lage, Zeit und viele weitere Parameter, damit Maschinenstunden, Abnutzung und Probleme im Vorfeld erkannt werden. Wenn nötig, kann der Techniker einen Termin mit Ihnen vereinbaren, bevor es zu einer Havarie durch Verschleiß kommen wird oder Sie eine Verschlechterung der Effizienz spüren. Diesem Angebot stimmen Sie natürlich freudig zu. Es ist für Sie von direktem Nutzen. Sie entscheiden sich damit für ein Minimum an Ausfallzeiten und können effizienter produzieren. Nebenbei geben Sie dem Hersteller noch wichtige Informationen, um die Anlagen nutzergerecht weiterzuentwickeln und die Chance, Ihnen entsprechende zeitgemäße Updates/Upgrades zu unterbreiten.

Im Unternehmen

Doch was heißt das für Sie und Ihr Unternehmen?

▶ Als erstes müssen der Aus- und Weiterbildungsstand der Mitarbeiter und Mitarbeiterinnen um die technischen und praktischen Anforderungen des neuen Maschinentyps erweitert werden.

▶ Zweitens werden die Prozesse Ihres Unternehmens genau betrachtet und gegebenenfalls folgen Änderungen.

▶ Drittens muss die IT-Sicherheit hergestellt und ein Datenschutzkonzept eingeführt bzw. erweitert werden.

Erst dann kann Ihre Maschine ein aktiver Teil des Internets und hoch produktiv eingesetzt werden.

Was sind das für Gefahren, vor denen Sie die Augen nicht verschließen dürfen? Was passiert bei einem nicht ausreichend gesicherten Internetzugang? Findige Hacker könnten Ihre Maschine stören, sabotieren und damit nicht nur Termine, sondern sogar Ihre Arbeitsfähigkeit gefährden. Meist folgen dann teure Reparaturen bis hin zum Maschinenaustausch, weil nicht nur die Software zerstört wurde, sondern wichtige Elemente bei der Sabotage brachen, durchbrannten oder anderweitig überlastet wurden. Eine andere Gefahr ist die Spionage, denn anhand von Einstellungen, Parametern und Verbrauchsdaten können virtuelle Eindringlinge Know-how abschöpfen und Rückschlüsse über Auslastung und Rentabilität Ihres Unternehmens ziehen. Daher müssen Sie sich dieser Gefahren bewusst werden und entsprechende prophylaktische Schritte einleiten. Einzelheiten besprechen Sie am besten mit dem Hersteller Ihrer Hardware und Ihrem IT-Sicherheitsbeauftragten.

Doch es gibt noch eine weitere Gefahr: Ihr geschultes Personal ist wertvoller für den Wettbewerb geworden. Sie müssen für ausreichende positive Motivation sorgen und ein Klima der Loyalität fördern.

Im Vorfeld einer Installation gilt es darüberhinaus zu klären wofür der Hersteller die entstandene Daten einsetzen will und ob sie selbst damit einverstanden sind. Denken Sie gut darüber nach, inwieweit Sie kumulierte, also aufbereiteten Daten, eventuell auch sehen wollen und sogar zu Ihrem Vorteil selbst einsetzen können. Hier muss auf jeden Fall eine entsprechende schriftliche Vereinbarung getroffen werden, denn ohne diese Vereinbarung gehören Ihnen die Daten nicht – weder automatisch noch juristisch.

Geschäftsmodelle und Geschäftsprozesse

Ein für Sie interessanter Aspekt wird es sein, wie mit Hilfe von Daten die Geschäftsprozesse Ihres Unternehmens verbessert werden können. Was stellen diese Daten dar, was beinhalten sie und inwiefern können sie die unternehmerische Flexibilität erhöhen und damit Ihr Betriebsergebnis verbessern?

So können die Daten:

► Die Auslastung widerspiegeln, sodass Durchlaufzeiten und Kapazitäten besser erfasst und ausgewertet werden

► In die Kalkulation mit einfließen, damit die Bearbeitungskosten um eine leistungsbezogene Komponente ergänzt werden und die Preise aufwandssensibel gestalten werden können

► Bei der Materialplanung und Lagerhaltung helfen, um den wahren Bedarf zu erfassen

► Leistungsbezogene Löhne zu zahlen

Der Einsatz einer digital vernetzten Maschine erweitert Ihre Möglichkeiten, die Arbeitsplanung und Prozesssteuerung Ihrer Produktion digital abzubilden und vorzunehmen. Der ersten vernetzbaren Maschine können weitere folgen um eine vernetzte Produktion aufzubauen, bzw. den datentechnischen Anschluss an Konstruktion und Logistik zu ermöglichen und sich damit in Richtung des weiter unten beschriebenen siebten Weges weiterzuentwickeln.

Weg 5) Hersteller von IoT

Nicht jedes Ding hat die Größe und Bedeutung, um zu einem Vertreter des Internet of Things (IoT) und damit Teil des Internet zu werden. Stuhl und Bett bleiben vorerst analog und ohne Internet-Anschluß. Bei einem Teil der Möbel und unserer Kleidung könnte es jedoch schon bald anders aussehen ... Anlagen- und Maschinenhersteller sowie Hersteller von Consumer-Artikeln werden in kürzester Zeit viele ihrer Produkte mit Sensoren und Kommunikationstechnik ausstatten, um Daten zu erheben und auf dieser Datenbasis aufbauend weiterführende Services anzubieten. Die Daten werden ebenfalls zur Weiterentwicklung genutzt.

IoT-Produkte bringen Vorteile mit sich. Sie kommunizieren Betriebszustände und Abweichungen vom Normalbetrieb. Sie lassen eine Auswertung unterschiedlichster Parameter zu und können selbsttätig Wartungen und Reparaturen anmelden – sehen Sie diese Beispiele bitte als mögliche und nicht bei allen Dingen auch notwendige Erweiterungen an. Denn sicherlich benötigt eine „Handkehrmaschine" andere Funktionen und damit andere Sensoren als eine deutlich größere und umfassendere „Aufsitzkehrsaugmaschine", wie ich sie im letzten Kapitel bereits als „Reinigungsgerät" erwähnte. Es gibt nicht den Standard, sondern die Abhängigkeit vom Einsatzzweck. Des weiteren können Partner-Geschäftsmodelle entstehen oder Servicepartner Ihr Geschäftsmodell bereichern. Diese stehen dann neben dem Verkauf des Geräts zur Disposition.

Produktgekoppelte Daten ermöglichen:

▶ Planung und Verfolgung von Lieferwegen und Montagen
▶ digitale Freischaltung elektronischer Parameter zur Produkterweiterung / -verbesserung
▶ Einführung nutzungsabhängiger Abrechnungs- und Zahlungsoptionen
▶ Bedarfsorientierten Versand von Verbrauchsmitteln
▶ Fernüberwachung
▶ Planung von Wartung, Reparatur
▶ Upgrades und Erweiterungen

Die Herstellung und das Betreiben von IoT

Produzieren Sie seit Jahren Produkte, Maschinen und Anlagen, die Sie erfolgreich an Händler, Unternehmen oder den Endverbraucher vertreiben? Das soll auch so bleiben? Dann ist es sicherlich an der Zeit, über Innovationen nachzudenken. Fragen Sie sich kritisch, was sich in den letzten Jahren alles geändert hat. Ich gehe davon aus, dass die technischen Werte Ihrer Produkte Weltspitze sind und Sie die Bauformen optimal an die Ergonomie der Anwender oder an das Platzangebot des Produktumfeldes angepasst haben. Eventuell arbeiten Sie auch mit einem modularen Baukastensystem, das Kosten und Qualität optimiert und eine hohe Variantenvielfalt zulässt. Digitale Steuerelemente und Sensoren wurden dort eingesetzt, wo sie von den Anforderungen her hinpassen – und Sie haben Ihre Arbeitsplanung und Workflow in Ihrem Unternehmen optimal angepasst. Was kann da noch kommen?

Vieles! Die Weiterentwicklung wird das gesamte Geschäftsmodell betreffen und Wechselwirkungen zwischen Gerät und Hersteller erzeugen. Für Hersteller wird es immer wichtiger, sich in die Belange und Bedürfnisse des Anwenders und Verbrauchers zu versetzen. Warum eigentlich?

Praxisbeispiel

Einige Wirtschaftszweige haben bereits einen tiefgreifenden Wandel durchlebt: Mit dem weltweiten Siegeszug von Musik- und Filmstreaming-Diensten wurde eine bestehende Welt von Musikverlagen,

Presswerken, Handel und Versand grundlegend auf den Kopf gestellt. Nichts ist dort mehr, wie es einst war. Ehemalige Großanbieter leben von den Rechten alter Lizenzen und natürlich auch mittlerweile davon, dass sie den Wandel erkannt und für sich nutzbar gemacht haben. Zögerliche Unternehmen sind inzwischen zur Legende geworden oder bereits dem Vergessen anheim gefallen. Die ehemaligen Presswerke sind abgebaut und bestenfalls sind dort heute Musik-Clubs beheimatet. Ein ähnliches Schicksal teilen heute weitere Branchen. Noch kämpfen Energiekonzerne um ihre Kraftwerk-Großbauten, Energie-Netze und -Verteilstellen, doch schon haben viele kleine flexible Unternehmen und selbst Kommunen andere Modelle und Wege gefunden, wie eine flächendeckende Versorgung effizienter, kostensparend und umweltschonender stattfinden kann. Selbst die Automobilindustrie, ein Garant des Wohlstandes unserer Bundesrepublik, gerät unter Druck und teilweise auch ins Straucheln. In den großen Städten ist es bereits soweit: Die Nutzung der ersten funktionierenden Mobilitätsnetze ersetzt schon heute oft den Besitz eines eigenen Fahrzeugs. Und das ist nicht nur eine Generationsfrage, denn selbst Unternehmenslösungen gehen inzwischen in eine ähnliche Richtung.

▶ Was heißt das für Ihr Produkt?

▶ Wie können IoT Daten zu neuen Angeboten und Abrechnung von Leistungen führen?

▶ Wer sind die Kunden von Morgen und wie können diese erreicht werden?

▶ Was muss sich ändern, um nicht nur Liebhaber von Oldtimern und Nostalgiker zur Zielgruppe zu haben?

Bei Druckmaschinen-Herstellern konnte man das für eine Zeit lang meinen, heute finden Sie dort vielfältige Möglichkeiten, die Geräte in Druckerei-Netzwerke zu integrieren und optimal mit digitalen Daten zu versorgen sowie Verbrauchs- und Arbeitsstände zu steuern und zu erfassen. Gab es zunächst nur kleine Kästchen mit einem Display zur Bedienung, so sind heute Auftragserkennung und -bearbeitung digital integriert. Das gleiche gilt auch für CNC Fräsen, Abfüllstationen in der Lebensmittel- und Prozessfertigung oder Melkanlagen in der Landwirtschaft.

Im Unternehmen

Die grundlegende Frage lautet: Wo stehen Sie heute und was kann eigentlich in Ihrer Branche verändert werden? Was wünschen sich zukünftige Kunden?

Blick in die Praxis

Schauen Sie mit mir noch einmal in die Druckindustrie: Hier gab es, wie in den Jahrzehnten davor, immer wieder Innovationen. Doch in den 2010er-Jahren war es ein elementares Beben. Der technische Wandel auf allen Gebieten erfasste mehr und mehr Unternehmen, und bis heute wurde die einst heile Welt der „Schwarzen Zunft" mehr als nur einmal komplett „umgekrempelt". Vom Satz in Blei zur digital bebilderten Druckplatte war ein wesentlicher Schritt. Der Offsetdruck verdrängte weitgehend alles andere. Nur einige Nischenprodukte sind erfolgreich geblieben. Die Maschinen wurden immer leistungsfähiger und mit Assistenzsystemen ausgestattet, viele Arbeitsplätze entfielen. Weiterhin ist die Vernetzung der Herstellung, selbst in kleinen Häusern, heute vom Eingang der Bestelldaten bis zur Versandabteilung durchgängig realisiert. Selbst die Anbindung des Kunden über Internetportale reicht bis zum Kundenschreibtisch in Marketing und Geschäftsleitung, bzw. zum PC im häuslichen Wohnzimmer. Aufwändige Job-Annahmen, Absprachen in reinem „Fach-Kauderwelsch" sind inzwischen vergessen. Eine ganze Branche wurde verändert, die Durchlaufzeiten enorm verringert, Produktionspreise drastisch gesenkt. Unternehmen, die hier personell, finanziell und technisch nicht mithalten konnten, mussten aufgeben. Wie passierte es?

Nur die ausnahmslose Digitalisierung der Maschinen, Vernetzung der Betriebe und Straffung aller Prozesse ermöglichte das Überleben von fortschrittlichen Unternehmen. Die Maschinenhersteller aber fürchten trotzdem ums Überleben. Digitaldruck und papierlose Informationssysteme machen der gesamten Branche schwer zu schaffen. Wer heute dort nicht weiterschaut, wird morgen nicht mehr sein. Es gibt nicht nur die neuen Marktteilnehmer, die digital anders arbeiten, sondern auch Technologien die individuellere Produkte erzeugen. Für die Offsetmaschinenhersteller heißt das, Individualisierung des Massendrucks zu ermöglichen – eine große Aufgabenstellung.

Es ist nur ein Beispiel. Doch zeigt es eindringlich, dass es für keine Branche Sicherheiten geben wird. Das bedeutet, es ist für Sie an der Zeit, über Ihr Produkt neu nachzudenken.

▶ Wo helfen Ihren Kunden heute aktuelle Daten?

▶ Wie kann deren Einsatz und Nutzung erfolgen?

▶ Wie kann eine Information über einen Zustand etwas „Neues" ermöglichen?

▶ Was ändert sich bei Ihren Kunden, so dass Individualfertigung von Produkten mit Ihren Produkten optimal unterstützt wird?

▶ Welche Daten sind für Ihr Unternehmen wertvoll und sollten daher ermittelt und übermittelt werden?

▶ Wie bekommen Sie die Chance, länger an Ihren Produkten zu verdienen?

▶ Wie sichern Sie, dass Ihr Kunde überlebt und beim nächsten Mal Sie wieder als Lieferanten auswählt?

Hinterfragen Sie Ihre Produkte und Leistungen bitte so oft wie möglich. Achten Sie auf Trends in der Branche und neue Technologien und Forschungsergebnisse. Nur so werden Sie in digitalen Zeiten Ihren Bestand am Markt sichern.

Geschäftsmodelle und Geschäftsprozesse

An dieser Stelle ist für mich der Zeitpunkt gekommen, auf die eingangs erwähnten produktgekoppelten Services einzugehen. Wie kann sich Ihr Produkt besser an Bedürfnisse und in die Umwelt des Nutzers einfügen? Wie werden Sie daraus langzeitige Kundenbeziehungen gestalten und wie kann dabei ein monetärer Erfolg nachhaltig gesichert werden?

Wenn Ihre Produkte sehr sensibel sind, dann ist es angeraten, die digitale Verfolgung der Lieferwege zu erwägen. Fragen Sie sich, was zu Problemen führen kann? Ist es die Transportlage, sind es Temperaturschwankungen, ist es Feuchtigkeit ... oder welches sind die Parameter, die überwacht, geregelt, und protokolliert werden sollen um Ihre Lieferungen abzusichern? Entsprechende Sensoren und mobile Funktechnik sind bereits standardisiert verfügbar. Allerdings müssen die Signale empfangen, ausgewertet und gespeichert werden. Das beinhaltet Herausforderungen, die entweder im eigenen Haus oder mit Partnern gelöst werden. Bereits im Vorfeld sollte überlegt und dokumentiert werden, was die Überschreitung der Toleranzgrenzen eines Parameters bedeutet und wie die Folgerungen aussehen.

Ein weiterer Weg ist die Optimierung von Maschinen und Anlagen durch das Freischalten von digitalen Produkterweiterungen. Dazu eine kurze Erklärung: Sie kennen und nutzen Apps auf dem Telefon. Manche besitzen In-App-Käufe. Damit werden die Basisfunktionen um weitere Funktionen, verbesserte Darstellungen, bessere Leistungsparameter, tiefergehende Analysen usw. erweitert. Eine zuvor vorhandene Funktion wird erst mit Eingabe eines Codes oder durch Freischaltung der beim Hersteller hinterlegten Lizenz zugänglich und wirksam, teilweise wird auch die Software ausgetauscht. Bei Maschinen ist das gleiche möglich, ob es sich dabei um ein medizinisches Gerät handelt, eine Bohrmaschine oder einen Brenner im Heizkessel – vorinstallierte Erweiterungen könnten die Grundfunktionen gegen Aufpreis um sehr nützliche Funktionen oder verbesserte Leistungsparameter erweitern. Damit kann die Produktvielfalt erhöht werden bei gleichbleibender Hardwarekonfiguration. Das verschlankt Produktions- und Lagerkosten und erhöht die Lieferfähigkeit. Natürlich muss sich der Materialeinsatz rechnen, andere Lager, die höhere Drehzahlen vertragen, stärkere Motoren, Displays, wo zuvor Kipp-schalter vorhanden waren – stehen der absoluten Verschlankung der Produktion ggf. gegenüber.

Wenn wir uns noch einmal an die Beispiele der eingangs zitierten Heizung oder des Reinigungsgeräts erinnern, so kann die Einführung von nutzungsabhängigen Bezahlsystemen eine komplette Verände-rung Ihres Geschäftsmodells mit sich bringen. Der Betreiber muss nicht mehr Hardware kaufen, son-dern Sie binden Ihn als Nutzer an Ihr Unternehmen oder einen nachgelagerten Serviceprovider. Seit langem geschieht das in Deutschland zum Beispiel bei Mobiltelefonen. Eine so intensive Kundenbin-dung kann sehr viele positive Effekte mit sich bringen. Durch geeignete Sensoren können Auslastung und Einsatzzeiten erfasst und verbrauchsabhängige Abrechnungen erstellen werden. Darüberhinaus lässt sich auch noch viel über Einsatz und Verhalten der Anwender erfahren. Diese Daten sind glei-chermaßen ein Schatz für die Bereiche Konstruktion und Marketing sowie für die Verkaufsabteilung.

Geben weitere Sensoren ihnen über Verbrauch und Verschleiß Auskunft, können Sie den Versand von Verbrauchsmitteln organisieren bzw. einem externen Dienstleister vor Ort einen Vertrag und Schu-lungen zum „Partnerservice" anbieten. Das gleiche gilt für die Planung von Wartung und Upgrade der Maschinen und Anlagen. Hier kann der Vertrieb dann ggf. gleich die entsprechenden Angebote zur Verbesserung, zu Austausch oder Neukonzipierung bereitstellen. Die Daten dazu haben Sie dann bereits im Haus. Sicherlich werden die Vertriebsgespräche eine neue Dimension einnehmen, denn Ihrem Kunden können Sie nun verstärkt Innovationen anbieten oder dessen Geschäftsmodelle viel besser unterstützen.

Natürlich bleibt es nicht bei den einzelnen Möglichkeiten der sensorischen Datenerhebung, Übertra-gung und Nutzung. Es werden immer wieder Mischformen entstehen und für Sie optimal passen, je nachdem, wie Sie Ihre eigene Firmenentwicklung vorantreiben und wie gut Sie auf dem Markt beste-hen, den Markt mit Ihren Innovationen beeinflussen oder gar dominieren.

Ein anderer Weg ist im Maschinenbau zu betrachten: IoT-Maschinen und -Fertigungsanlagen benö-tigen Anschlüsse/Schnittstellen. ... zu anderen Maschinen, zum Internet, zum MES (Manufacturing Execution System), zur Logistik usw.. Sie sollen Bestandteil des Cyber- physischen Produktionssystems (CPPS) werden können, um mittels Job-Floor-Steuerung in die Produktionsplanung und -steuerung einer flexiblen Fertigung eingebunden zu werden. Des weiteren sollte sich die Maschine mit anderen in Verbindung setzen können, ihre Fähigkeiten im Netzwerk anbieten und die Auslastung optimieren helfen. So wird Ihr Produkt zum Teil des sich selbst steuernden Industrie-4.0-Programms werden.

Weg 6) Lieferant „fit für Industrie 4.0"

Das Lieferantenmanagement eines Originalgeräteherstellers (Original Equipment Manufacturer – OEM) bündelt eine Vielzahl von Zulieferern mit dem Bestreben, diese immer stärker in vernetzte Prozesse des OEM einzubinden. Die eigene Wertschöpfung des OEM liegt selten höher 75% und beträgt teilweise nur noch 25%.

Sie als Systemlieferant (Tier-One-Lieferant) oder als technischer Ausrüster entwickeln, dokumentieren und konstruieren Komponenten der späteren OEM Produkte. Hersteller kompletter Baugruppen stehen immer stärker unter Druck, wenn es um die Verringerung der Losgrößen und die Steigerung der Individualität der geforderten Komponenten geht.

Doch auch Lieferanten von unkritischen Komponenten, Hersteller von Halbzeugen, Auftrags- und Lohnfertiger stehen über kurz oder lang vor genau den gleichen Anforderungen und den damit im Unternehmen wachsenden Herausforderungen an IT- und Managementsysteme.

Lieferant für OEM

Datenübernahme aus der fortschrittlichen Industrie und Lieferung ab „Losgröße Eins".

Industrie und große mittelständische Unternehmen haben vertraglich gebundene Zulieferer. In vergangenen Zeiten wurden Liefertermine und die Beschaffenheit der Lieferlose meist weit im Vorfeld verhandelt, abgeschlossen und über eine Zeitraum dann ausgeführt. Später kamen von den Auftraggebern weitere Forderungen dazu, wie Lieferung „just in time", „Regalpflege" mit definierten Mindest- und Maximalmengen oder Lieferung auf Abruf. Damit war zum einen die zeitliche Dimension der Lieferung auf einen kurzen Slot eingeschränkt und zum anderen die Verlagerung der Lagerkapazität des Auftraggebers weitestgehend auf Lieferanten bzw. Logistiker verschoben. Mit dem technologischen Wandel auf Grundlage der Industrie-4.0- Technologie wird sich das in Zukunft noch einmal drastisch verändern. Die Individualisierung der Endprodukte verlangt nach individualisierten Komponenten. Ein hessischer Hersteller von Pumpen, die in vielen OEM Produkten zum Einsatz kommen, erklärte im Frühjahr 2016 auf einer Konferenz im Fraunhofer Institut für Arbeitsforschung, dass bei den mehr als eine Millionen produzierten Pumpen im Jahr die Anzahl gleicher Pumpen auf zwei Stück zurück gegangen ist. Die Herausforderungen heißen:

▶ Darstellung und Pflege der Konstruktionszeichnungen

▶ Bereitstellen der Parameter, die verändert werden können

▶ Verknappung der Bestellzeiten

▶ Anpassen der Individuellen Parameter zur Qualitätsprüfung

▶ Eindeutige dauerhafte Kennzeichnung der Produkte

▶ Individuelle Begleitmaterialien

▶ Richtige Zusammenstellung der Lieferlose

▶ Interne Dokumentation zur späteren Bereitstellung von Ersatzteilen

Im Unternehmen

Mit den Industrie 4.0 Technologien und dem damit verbundenen Trend einer immer stärker werdenden Individualisierung der Endprodukte, verändert sich auch bei Ihnen als Zulieferer die Losgröße bis hin zur Individualfertigung. Das hat dramatische Auswirkungen auf Sie als Zulieferer. Vorlaufzeiten verringern sich, Liefertermine und Konstruktionsdetails werden nur mit knappem zeitlichen Vorlauf übergeben. Die Slots für die Lieferung werden stark eingeschränkt. Das Geschäftsmodell „Produktion im Voraus mit Lagerhaltung und anschließendem Abverkauf" gehören damit endgültig der Vergangenheit an.

Gefordert wird maximal mögliche Flexibilität. Das bedeutet einen weitaus erhöhten Aufwand in der Kennzeichnung und Dokumentation der Teile. Eine weitere Herausforderung ist die Planung und Bereitstellung von Wartungs-, Service- sowie Ersatzteilen oder Austauschkomponenten – bereits heute und erst recht in zehn Jahren.

Innerhalb des Supply-Chain-Managements (Lieferketten-Management) beschreiben die Liefer- und Rahmenvereinbarungen heute Waren- (und Dienstleistungs-), Informations- und Finanzflüsse. Es werden für den Lieferanten nicht nur Orte und Termine der Anlieferung festgeschrieben, sondern auch die digitalen Übergabeschnittstellen für Konstruktionsdaten als auch Lieferdaten definiert. Dabei gibt es unterschiedliche Abstufungen. Varianten sind z.B. die Fertigung anhand eines Katalogs, der dem Besteller die definierten Unterschiede in der Ausführung zur Auswahl anbietet, Modulbauweise, so dass Komponenten frei wählbar werden und damit eine gewisse Individualität sichergestellt werden kann oder frei veränderliche Konstruktionen innerhalb definierter Parameter-Toleranzen. Diese Daten werden in digitaler Form mit jedem geordeten Stück bzw. Los individuell übergeben. Der Austausch kann in Excel-Listen erfolgen oder in anderen definierten Austauschformaten geschehen. Dazu sind bei Ihnen als Auftragnehmer digitale Voraussetzungen zu schaffen, um eine schnelle, sichere und vor allem verlustfreie Übernahme der Informationen sicher zu stellen. Details für Fertigung und Logistik müssen hier unbedingt klar erkennbar sein. Das entspricht teilweise einem Einzelfertigungsauftrag. Jedoch kann es sich hierbei um ein Massenprodukt handeln.

Hier will ich ein kurzes weiteres Beispiel einfügen. Klemmleisten, wie sie für elektrische und elektronische Schaltungen Verwendung finden, sind ein unscheinbares aber sehr zentrales Objekt und meist in Schaltschränken von Schiffen, Häusern oder kleinen Kästen zB. im Motorraum von Fahrzeugen versteckt. Sie folgen in Ihrer Ausführung und im Umfang der Funktionalität der Anlage und dem jeweiligen Kabelbaum. Die Montage der Leisten wird heute voll automatisiert und selbststeuernd ausgeführt. Die Materialentnahme aus dem Lager, die Montagen an den einzelnen Maschinenstationen und die individuelle Prüfung werden über Barcode auf den Transport-Aktoren ausgelesen und durch die „Intelligenz" der Anlage optimal gesteuert.

Jegliche Abweichung durch Datenverarbeitung oder Trennunschärfe der Einzelbestellungen sowie eine Manipulierbarkeit der Daten durch die Fertigung muss dabei kategorisch ausgeschlossen werden. Das bedeutet, einen durchgängigen digitalen Workflow über den gesamten Prozess bis hin zu Qualitätskontrolle und Logistik aufzubauen. Hier werden Solldaten festgeschrieben und an jeder Station werden die Istdaten erfasst und gespeichert.

Gerade die geforderten Veränderungsmöglichkeiten und die Individualisierung der Erzeugnisse wird ein zulieferndes Unternehmen unter großen Handlungsdruck setzen. Hier ist mehr als „nur" preisgünstige und qualitativ hochwertige Arbeit gefragt. Verlässliche Umsetzung in der Konstruktion geht einher mit einer eindeutigen, nachvollziehbaren, detaillierten Beschreibung eines jeden Teils und dessen Fertigungsvorgangs. Diese muss meist bei der Anlieferung vorhanden sein und gleichzeitig für den digitalen Prozess der Industrie 4.0 Umgebung des Auftraggebers bereitstehen. Das setzt eine leicht lesbare Kennzeichnung der Teile, der Lieferverpackung und der die Logistik begleitenden Dokumentation voraus sowie einen gleichzeitigen Zugriff auf die Lieferanten-Datenquelle. Zur Kennzeichnung bieten sich aufgedruckte oder gravierte Barcodes, QR-Codes oder RFID-Chips als unveränderliche und schnell erfassbare Informationsträger an. Die Datenbereitstellung kann über einen definierten Austausch zwischen den Datenbanken des Zulieferers und dem MES-System des Auftraggebers ohne manuelles Zutun durchgeführt werden. Hier kommt es zu einer M2M-Kommunikation (Maschine zu Maschine).

Geschäftsmodelle und Geschäftsprozesse

Wenn Sie die großen Herausforderungen meistern und geringe Losgrößen, komplexe Komponenten, Geräte mit Sensoren und Schnittstellen zum Datenaustausch fertigen können, ist es an der Zeit, über neue Geschäftsmodelle nachzudenken. Daher meine Frage, bleiben Sie Zulieferer oder wollen Sie weitere Märkte in Angriff nehmen? Wie lange werden die Komponenten noch von dem OEM gefragt? Wie entwickeln sich die Produkte des OEM? Was passiert, wenn der eigentliche Auftraggeber mit der Entwicklung und Innovation am Markt nicht mehr mithalten kann, durch neue Wettbewerber be- oder sogar verdrängt wird? Das kann heute in allen Industriezweigen, ja sogar in der deutschen Automobilindustrie betrachtet werden.

Eine Frage, die sich hier stellt: Wo ist Ihr Markt? Welche Anpassungen werden notwendig um Kundenbedürfnisse zu erfassen und zu befriedigen? Wie können Geräte und Leistungen gewinnbringend bereitgestellt und ausgewertet werden? Zu bedenken und berücksichtigen ist in jedem Falle, welche rechtlichen oder organisatorischen Einschränkungen es geben könnte und wie diese in ein Geschäftsmodell einfließen.

Doch selbst wenn Sie sich für den Verbleib beim Status Lieferant entscheiden, so sind Herausforderungen zu meistern. Dazu gebe ich Ihnen hier einen Katalog an Fragen an die Hand, deren Beantwortung Sie auf die richtigen Wege leiten kann.

▶ Wie werden Daten empfangen und ausgewertet?

▶ Wie wird in Ihrem Unternehmen der Umgang mit den Individuellen Bestelldaten organisiert?

▶ Wie kann die Qualitätssicherung erfolgen?

Eine weitere Herausforderung ist die Datenbereitstellung für den Datenabruf bzw. Weitergabe an den Auftraggeber sowie deren Kunden. Hier heißt der Weg: Trennen Sie die Daten. Organisieren Sie die Trennung – RAMI 40 gibt dazu klare Handlungsanweisungen. Die Aufteilung in Verwaltungsschalen und damit die Abspaltung sensibler Daten aus der Entwicklung mit den gemeinfreien für die Verwendung und Wartung, weitere für Produktion und Abrechnung.

Welches Unternehmen oder Endkunde muss, kann oder darf auf Daten zugreifen? Nicht alle Ressourcen- und Betriebsdaten, die mit der Produktion und ihren Komponenten in Verbindung stehen, gehen auch den Kunden etwas an.

Noch komplizierter wird es, wenn es nicht nur einen Auftraggeber aus der direkten Nachbarschaft gibt, sondern es Hunderte weltweit sind. Dementsprechend tiefgehend müssen Datenstrukturen, Datenablage, Zugriffsrechte und IT-Security geregelt sein.

Weg 7) Horizontal und vertikal vernetzt

Vernetztes Arbeiten setzt das Beherrschen digitalisierter Prozesse voraus. Für das Unternehmen bedeutet horizontale und vertikale Vernetzung: Kundenbestellungen mit maximaler Individualität in kostensparender automatisierter Fertigung realisieren zu können. Für Sie als Unternehmer bedeutet das, technologische Vervollkommnung der Arbeitsumgebung zur Gewinnsteigerung bei gleichzeitiger Ressourcenschonung. Was Sie an technologischen und arbeitsorganisatorischen Fragen und Anforderungen in den Kapiteln „Hersteller von IoT-Geräten" und „Lieferant fit für Industrie 4.0" gelesen haben, trifft weitgehend auch hier zu. Um Ihnen Doppelungen zu ersparen, verzichte ich auf erneute Aufzählung.

- ▶ Im ERP System verwalten und planen Sie alle Ressourcen und Kostenfaktoren
- ▶ Termine, Arbeitsaufgaben und individuelle Kundenanpassungen werden digital erfasst und über die Unternehmensgrenzen allen Partnern und Zulieferern bis hin zur Logistik im notwendigen Maß elektronisch kommuniziert
- ▶ Produktlebenszyklus ist digital geplant und entsprechend wird das Innovationsmanagement, Forschung und Produktentwicklung betrieben
- ▶ Ressourcenbereitstellung, Teilefluss und Lagerkapazitäten passen sich den Bestellungen an
- ▶ Digitale Simulation von Produktion und Produkten spart Kosten und Zeit
- ▶ Produkte „bestimmen" Produktionsprozesse und Herstellungsschritte
- ▶ Alle notwendigen Daten zur Planung, Produktion, Qualitätsprüfung eines jeden Produktes werden in Echtzeit zur Verfügung gestellt bzw. erfasst und stehen damit innerhalb Ihres CPS zur Verfügung
- ▶ Wartung, Austausch und Service sind fest geplant und Ausfallzeiten minimiert.

Herstellung von CPS / Einsatz von CPPS

- ▶ Hersteller von IoT-Geräten bzw. Unternehmen mit vernetzter Produktion

Der Trend zu individuellen Produkten verstärkt sich zunehmend. Businesskunden wie Konsumenten sind dabei auf die Preise einer industriellen Fertigung fixiert und nur selten bereit mehr zu zahlen. Da Wertschöpfung in KMU zu einem hohen Prozentsatz im eigenen Unternehmen stattfindet, muss darauf reagiert werden. Die meisten Komponenten werden selbst konstruiert und häufig auch selbst gefertigt. Damit entsteht über die Zeit ein sehr individueller Maschinen-, Anlagen- und Gerätemix. Aufgrund der hohen Spezialisierung der Arbeitsgänge stammen die Maschinen meist von unterschiedlichen Herstellern. Sie wurden nach und nach, in unterschiedlichen Jahren angeschafft und in die Fertigungsprozesse integriert. Sie spiegeln die zeitlich gestaffelten Entwicklungs- und Wachstumsphasen Ihres Unternehmens wieder. Damit haben Sie eine komplett andere Ausgangslage, als sie beispielsweise in der Industrie vorzufinden ist oder beim gezielten Aufbau einer neuen Fertigungsanlage/Fabrik entsteht. Ihre große Aufgabe besteht darin, unter Einbeziehung vorhandener Technik und Arbeitsplätze die Entwicklung einer horizontal vernetzten Fertigung zu formieren und sie später zu einem vertikal vernetzten Unternehmen weiterzuführen.

Klären wir erst einmal, was „Horizontal und Vertikal Vernetzt" bedeutet. Für diese Betrachtungsweise unterteilen wir Ihr Unternehmen horizontal in unterschiedliche „Ebenen". Die wichtigsten Ebenen wären Führungsebene, Verwaltung, Entwicklung, Planung, Vertrieb, Produktion, Werkstatt und Logistik zu nennen. Des weiteren gibt es sicherlich den einen oder anderen noch nicht von mir erwähnten Arbeitsplatz, doch die sollen für den ersten Überblick keine Rolle spielen. Von der „Horizontalen Vernetzung" spricht man, wenn innerhalb einer Ebene alle Maschinen und Arbeitsplätze miteinander auf digitalem Wege verbunden sind und eine Planung, Steuerung, Erfolgskontrolle digital erfolgen kann.

Hierauf baut auch eine spätere Selbststeuerung der Produktion und Logistik auf. Diese horizontale Vernetzung ist die Grundlage einer weiteren Produktivitätssteigerung.

Über der Produktionsebene liegt die Ebene der Produktionsplanung / Produktionsvorbereitung. Die ersten Bestrebungen einer „Vertikalen Vernetzung" ist die Anbindung der Planungsebene mit der Produktionsebene. Hierbei treten bereits einige Herausforderungen auf, die es zu meistern gilt. Sukzessive werden die weiteren Ebenen des Unternehmens mit angeschlossen, so dass die unterschiedlichen Planungsdaten und Reportingtools mittels „Übergabestellen" mit einander verbunden sind. Darüber hinaus werden Kundenportale, Lieferanten und externe Logistik ebenfalls digital mit vernetzt. Erst dann spricht man vom vertikal und horizontal vernetzten Unternehmen.

Wie startete die Vernetzung? Aus den weiter vorne beschriebenen Etappen wissen Sie bereits, den Beginn der Digitalisierung macht die Ressourcenplanung mittels ERP-System. Hier werden die Weichen eines jeglichen Digitalisierungsbestrebens gestellt, denn alle bisherigen analogen Handlungen werden erfasst und einer kritischen Analyse unterzogen. Als Prozesse sind sie in digitaler Form hinterlegt. Wenn Sie den weiteren Gang der komplexen Vernetzung betrachten, so verstehen Sie sicherlich, dass alle Prozesse ernsthaft zu hinterfragen sind, weitgehend zu standardisieren sind und in der Anzahl auf das minimal notwendige Maß zu begrenzen seien. Alle erhobenen Unternehmensdaten können im digitalen Cockpit in Echtzeit sichtbar werden und sind dadurch für alle Berechtigten von überall erreichbar. Alle Management-Entscheidungen werden dann ab sofort darauf zurückgreifen.

Hier beginnt der Weg in die weitere Zukunft des Unternehmens. Als nächstes sind es die Prozesse von Einkauf, Lagerhaltung und Logistik, die digital erfasst und durch Anbindung an das Managementsystem vernetzt werden. Digitale Prozesse und Strategien bilden die Grundlage der Vernetzung im Unternehmen. Ein zweiter, mitunter paralleler Weg ist die Maschinensteuerung. Bereits mit der dritten industriellen Revolution zogen rechnergesteuerte Maschinen und Anlagen in die Produktion ein. Das waren meist Solitäre oder Insellösungen, bestehend aus Steuereinheit und Maschine oder Roboter.

Selten nur wurden Planungs- und Auftragsdaten direkt übernommen oder gar Arbeits- und Verbrauchsdaten zur Auswertung und produktbezogenen Speicherung von der Maschine bereitgestellt, erfasst und ausgewertet. Die Komplexität erhöhte sich jedoch mit den Jahren. Es entstanden erste Schnittstellen, die als Dateneingang bis hin zum bidirektionalen Datenaustausch vorgesehen waren.

Für ein Cyber-physikalisches Produktionssystem (CPPS) bilden digital gesteuerte Fertigungseinheiten die Mindestvoraussetzung. Auch ist der ungehinderte Datenaustausch eine der Grundbedingungen für eine sich selbst steuernde und selbstoptimierende Produktion, wie sie die Industrie 4.0 charakterisiert. Dazu sind alle Datenstrukturen an den Schnittstellen zu egalisieren und ggf. durch Compiler/Übersetzer anzupassen.

Das gesamte Unternehmen benötigt einen einheitlichen Zeitstempel, denn die Datenbereitstellung selbst muss in der „Einen" Echtzeit erfolgen. Verschiebungen zwischen den Datenerzeugern und der Datenauswertung führen zu Ungenauigkeiten und Abweichungen bis hin zu Irritationen im Technikgefüge. Dazu kommen noch die unterschiedlichen Datenformate vorhandener Technik. Ein Trend, der sich in der Vernetzung durchzusetzen scheint, ist das IP-Format (Internet Protocol). Hier ist jede Komponente der Technik direkt und eindeutig adressiert. Da es sehr viele Datenerzeugern geben wird, ist das von großem Vorteil. Auch muß eine große Anzahl von Daten bewältigt werden. Das stellt Sie vor eine große Aufgabe, bei der z.B. folgendes wichtig ist:

▶ Parameter, die sich aus Konstruktion, Planung und Vorbereitung ergeben,

▶ Maschinenfunktionen, die gesteuert werden,

▶ eine Logistik, die sich orientieren und bedarfsabhängig organisieren soll,

▶ Daten die Verbrauch, Auslastung und Bestand beschreiben.

Die Aufgabe besteht darin, Daten allzeit auszuwerten und davon dann Planung und Realisierung sowie Wartungs- und vorbeugende Reparaturarbeiten abzuleiten. Gleichzeitig dienen erfasste Daten der Kostenermittlung und Abrechnung. Hieraus entstehen je nach der Komplexität von Anlage und Produktion, Workflows, sowie die mit den Arbeitsschritten direkt in Verbindung stehende Rüstaktivitäten und Logistikaufgaben.

Weitere Ebenen sind die Parameter und Besonderheiten des Herstellungsprozesses. Sie werden erfasst und in den Cyberkern des Produkt-CPS überführt. Ein CPS besteht aus dem physischen Gegenstand und der Datenbank mit Datenverarbeitung. Hier wird nicht nur Produktionswissen gespeichert, sondern auch späteres Verhalten, Erweiterungen, Software u.v.m. erfasst. Dieses versetzt Sie in die einmalige Lage, den Produkten auch weit nach dem Verkauf Service, Updates und Erweiterungen zukommen zu lassen. Gesteuerte Unterstützung Ihrer Kunden noch weit nach dem Verkaufsprozess.

In einer sich selbst steuernden Produktion können Sie eine Unzahl von CPS-Maschinen miteinander vernetzen. Dann kommen den Aktoren und dem Produktions-Logistiksystem entscheidende Aufgaben zu. Algorithmen, Datenbanken sowie Sensoren steuern die Prozesse dahinter. Ziel ist es, die schnellste und kostengünstigste Herstellung des individualisierten Produktes zu gewährleisten. Ich habe die wichtigsten Fragen zusammen getragen:

▶ Welche Komponenten müssen zusammengestellt werden?

▶ In welcher Reihenfolge werden diese gebraucht?

▶ Welche Wege werden genutzt, um eine optimale Produktion zu garantieren?

▶ Wo ist der nächste freie Slot an einer geeigneten Maschine für die Fertigung?

▶ Welche Zeiten müssen eingehalten werden?

▶ Welche Gefährdung entsteht dabei?

Optimal gefertigte Individualprodukte dürften von Ihrem Kostenrahmen mit den Produkten der industriellen Produktion mithalten können – das ist das Ziel, der vernetzten Cyber-physischen-Produktions-Systeme.

Doch schauen wir weiter, wo die Vernetzung ihren nächsten Knoten hat, z. B. bei :

▶ der Anbindung der Konstruktion

▶ der Bestellung durch den Kunden und

▶ bei der Anbindung der Lieferanten

Betrachtet werden muss, inwieweit die Produkte individualisierbar sind oder sein könnten.

▶ Wie entstehen dafür genaue Vorlagen? (für Kunden-Bestellprozess, Produktion, Zulieferer, Logistik)

▶ Welche Vorlagen müssen im Kundenportal zur Bestellung hinterlegt sein?

▶ Wie viel Freiheit hat der Kunde bei der Produktgestaltung?

▶ Wie bildet sich der Eingriff in der Preisgestaltung ab?

Ebenso müssen die Strukturen und Auswahlmöglichkeiten in den Portalen verständlich sein und die grafischen Oberflächen sowie deren Bedienung optimal dem Wissen und Können der Kunden angepasst sein bzw. sich dann dynamisch dem Nutzer/die Nutzerin anpassen. Bei M2M (Maschine zu Maschine) Bestellvorgängen muss das Übergabeformat passend gestaltet werden. Die gerade ermittelten Daten bilden einen wichtigen Part für alle Marketing-, Werbungs-, Vermarktungs- und Informationssysteme. Eine zu hohe Komplexität in der Bedienung wirkt verkaufsbehindernd und sollte ausnahmslos durch Algorithmen ersetzt werden. Vielleicht kann die Bedienerzufriedenheit wie folgt berechnet werden: „Anzahl der getroffenen Entscheidungen/Angaben geteilt durch Anzahl der dafür notwendigen

Arbeitsschritte" – kurz: Eingaben geteilt durch Klicks. Dabei muss eine weitreichende Ordnung sowie Ruhe im Prozess und optische Sauberkeit im Bedieninterface garantiert sein, denn Unübersichtlichkeit verunsichert Nutzer. Verhindern Sie auf jeden Fall einen Bruch im Datenfluss durch Wechsel von Masken oder langen Ladezeiten.

Eine weitere Besonderheit, die aus der kompletten Digitalisierung abzuleiten ist, gilt es konsequent zu nutzen: Durch Simulationen, die im Vorfeld der Produktion ausgeführt werden, können Abläufe, Systeme und Produkte optimiert werden. Diese optimierte Variante kann dann übernommen und in die Realität überführt werden: Eine weitere große Chance der digitalen Fertigung.

Bei dieser hohen Menge an Technik und digital vernetzter Verbindungen darf man nicht übersehen, dass die Fertigung mit CPPS sowie die Herstellung von IoT & CPS auch Gefahren in sich birgt. Es sind mehrere Gefahrenquellen zu identifizieren: Diebstahl, Sabotage oder Verlust von Know-how durch verärgerte oder abgeworbene Mitarbeiter. Das sind die größten Gefahren für das Unternehmen – neben der Sorglosigkeit durch unzureichendes Wissen. Hierbei kommt es häufig auf die Art und Weise der Mitarbeiterführung und die Gesprächskultur im Unternehmen an. Eine weitere Gefahr ist der Ausfall von Schlüssel-Lieferanten und IT-Dienstleistern. Für beide Fälle muss vertraglich vorgesorgt werden. Dass ohne Strom, Wasser und TK-Verbindungen (Telekommunikation) heute nichts mehr geht, muss kaum weiter erwähnt werden. Ebenso ist der Ausfall der Kühlung (Gefahr von Stau- und Abwärme) ein nicht zu unterschätzendes Problem für jeden Server eines Rechenzentrums. Diese Dinge sind zu Beginn des Digitalisierungsprojektes zu erfassen und Lösungen sowie Sicherheitsmaßnahmen entsprechend mit einzupreisen.

Wesentlich unberechenbarer sind Cyberrisiken aus Piraterie und Hackerangriffen. Dazu werden Sie einen IT-Sicherheitsbeauftragten und einen Datenschutzbeauftragte einsetzen, er / sie wird ständig informieren und entsprechend Vorsorge treffen. Schwerwiegende Ausfälle von IKT-Komponenten können z. B. durch extern vergebene Monitoring- und Serviceverträge auf ein Minimum eingedämmt werden. Es gibt auf dem Markt sehr gute Anbieter, die eine gesamte IT-Infrastruktur inklusive den Datenbewegungen, Zugangsberechtigungen und Lastspitzen erfassen, auswerten und entsprechend vorbeugende Empfehlungen aussprechen bzw. im Schadensfall für sofortigen Austausch sorgen.

Das war jetzt jede Menge Stoff für Sie. Damit habe ich sicherlich die wichtigsten Zusammenhänge und Risiken kurz benannt, jedoch ist meine Liste möglicherweise noch nicht vollständig.

Eine weitere Herausforderung wird es sein, wenn Sie Ihre IoT/CPS Geräte und Anlagen in andere Länder oder Kontinente verkaufen oder vermieten. Die dort herrschenden Rechtsvorschriften sind vorab zu recherchieren. Es ist ein weiteres Buch in Planung, dass alle Fragen um die Daten und Datensicherheit umfassen wird:

► Wem gehören die Daten?

► Wie sind die Bestimmungen der Datensicherheit?

► Wie kann einem Missbrauch vorgebeugt werden?

► Was ist zu tun, wenn es zu Cyberattaken gekommen ist?

Präzise Sicherheitsszenarien und Schutzmaßnahmen müssen bereits im Vorfeld erarbeiten und protokolliert werden.

Sie können jetzt natürlich fragen, warum man so eine hohe Gefährdung in Kauf nimmt und sich für so komplexe Systeme entscheiden soll. Kein anderes System kann so hohe Flexibilität bei gleichbleibender Qualität zu geringen Kosten und kurzen Durchlaufzeiten gewährleisten. Nur Unternehmen mit horizontal- und vertikal-vernetzter Produktion sind dazu im Stande. Doch ist die Umsetzung in den wenigsten Fällen linear und allumfassend. Hier heißt es:

► mit Insellösungen starten und dann

► die Vernetzung immer weiter auszubauen.

Das setzt eine konsequente Planung des digitalen Wandels – bei der Investitionsplanung angefangen – voraus. Dabei begleite ich Sie gern.

Im Unternehmen

Die digitale Transformation wird nur gelingen, wenn Sie als Unternehmensleitung vollkommen auf „digital" umschalten und diese konsequent im Unternehmen fordern und fördern. Digitale Kompetenz ist für Sie als Unternehmensführung unverzichtbar. Schnell werden Sie erkennen, welches Fachwissen dazu benötigt wird. Welches Wissen und welche Arbeitskräfte zur Umsetzung und Installation sowie Inbetriebnahme benötigt werden und welche dauerhaft gefordert sind. Sobald Sie darüber Klarheit erlangen, sind Einkauf und Human Ressources/Personalabteilung sowie Aus- und Weiterbildung dementsprechend zu instruieren und entsprechende Schritte einzuleiten.

Für das Unternehmen wird zunehmend wichtig, das immer mehr externe Experten in die Arbeit eingebunden werden müssen. Hierfür sind geeignete Voraussetzungen zu treffen, damit die Externen auf die benötigten Strukturen und Kommunikationsmittel zugreifen können. Allerdings müssen Sie auch weiterhin sorgsam mit Geschäftsgeheimnissen umgehen.

Geschäftsmodelle

Die möglichen Geschäftsmodelle sind sehr vielfältig und müssen je nach Markt und Segment entworfen werden. Jedoch gilt es auch hier, die Daten zu nutzen, die aus der Bestellung sowie aus dem Cyberzwilling des IoT sowie dem Betrieb der Geräte und Anlagen entstehen.

Die Daten der Kunden, die zur Konstruktion erfasst oder herangezogen werden, sowie die bereitgestellten Daten des Unternehmens werden die Grundlage für Angebot, Simulation, Fertigung aber auch für Abrechnung und weiterführenden Service sein.

Mit sanften Schritten starten

Impulse aufnehmen

Kennen Sie auch Menschen die mit Desinteresse, Abwehr, Verweigerung oder gar Panik reagieren, wenn es um neue Technologien oder den Wechsel von altgewohnten Geschäftspraktiken geht?

In meiner Arbeit als Berater und Moderator inspirierten mich genau diese Reaktionen, um mit meinem Buch zu beginnen. Nun haben Sie es gelesen und viele wichtige Impulse für die eigene Arbeit erhalten.

Die Arbeitsbasis eines jeden Unternehmens ist die Kommunikation mit allen Stakeholdern – vom Mitarbeiter über Kunden bis zur Bank. Sie gewinnbringend voran zutreiben, Probleme und Konflikte zu lösen sowie Produkte und Geschäftsmodelle zu erneuern bzw. neu zu entwickeln sind mein Business.

Dazu biete ich Strategie-Workshops, Seminare, Vorträge und Führungskräfte-Coaching. Im Mittelpunkt stehen Ihre heutigen Bedürfnisse. Diese zu befriedigen, ist zentrales Anliegen meiner Wertschöpfung. Das gilt für

- ▶ Vorträge und Seminare zu Geschäftsmodell und Innovation
- ▶ Workshop und Meeting zu Strategie und Geschäftsentwicklung
- ▶ Entwicklung neuer Produkte, Service und Leistungen
- ▶ Start von innovativen Änderungsprozessen in Ihrem Unternehmen

Ich sehe eine offene und transparente Kommunikation sowie ein stringentes Projekt-, Prozess- und Qualitätsmanagement als Grundlage der Arbeit in Industrie und KMU. Nur so wird eine wertvolle Interaktion im Unternehmen und mit den Stakeholdern gelingen.

Ihre Aufgabe wird es nun sein, Ihre neuen Ideen zu konkretisieren. Dafür biete ich z.B. erfolgreich den sechs Schritte-Workshop „Digitale Transformation" an. Der Workshop ist zu 100% am „Ist" orientiert und berücksichtigt Unternehmensziele sowie Marktausrichtung. Er wird auf Ihr Unternehmen zugeschnitten und wählt den jetzigen Stand als Startpunkt. Dauer ca. 3 x   Tag.

Danach werden Sie die unternehmenseigenen Spezialisten und externe Fachkräften aus IT, Bank, Universität sowie Lieferanten kontaktieren um Ihre Ideen darzustellen. Alles zusammen tragen Sie in die alltäglichen Gespräche Ihres Unternehmens hinein um sich gegenseitig auszutauschen und Vertrauen für den Wandel aufzubauen. Daraus formen Sie dann den weiterführenden Prozess der Digitalisierung in Ihrem Unternehmen und leiten die erfolgreiche Umsetzung ein.

Nur mit wertschätzender und moderativer Kommunikation werden Hürden und Barrieren abgebaut sowie Offenheit und Transparenz erlangt, als Voraussetzungen für den Prozess einer gemeinsamen Entwicklung. Die Formen künftiger Arbeit im Unternehmen können nur gemeinsam mit Allen erfolgreich umgesetzt werden. Sehen Sie in Mitarbeitern und Externen Ihre wichtigsten Partner und geben Sie ihnen die Möglichkeit, mit Fachwissen und guten Ideen zu glänzen. Wertschätzen Sie diese ruhig einmal etwas ausgiebiger, es könnte für das Gelingen der Entwicklung von Vorteil sein.

Die Kommunikation geht von Ihnen aus

Organisieren Sie einen Austausch zu Fachthemen im Unternehmen. Beteiligen Sie sich an externen Diskussionsforen und nutzen Sie Weiterbildungen und Unternehmensbesuche. Das sind die treibenden und entscheidenden Faktoren, damit der digitale Wandel eine Transformation auf ein höheres Niveau erreicht.

Erkenntnisse gewinnen

Neue Erkenntnisse und ein Zugewinn erhalten Sie nur im Austausch mit Anderen. Nutzen Sie externe Impulse, Wissensquellen und Weiterbildungsangebote sowie vertiefende gemeinsame Gespräche. Die Grundlagen dazu besitzen Sie bereits durch das Studium dieses Buchs.

Sollten Sie mit dem Buch nicht weitergekommen sein, so ist hier mein Angebot: Rufen Sie mich an, um ein persönliches Gespräch oder ein weiterführendes Coaching zu vereinbaren. Hier meine Telefonnummer: +49 30 2363 9390.

Empfehlung

Sind Sie weitergekommen und hatten Sie sogar ein „Ja, so mach ich es" Erlebnis? Oder haben Sie wertvolle Anregungen bekommen und konnten Sie Ihren Weg in die digitalen Zeiten jetzt besser ins Visier nehmen? Dann freut es mich sehr, dass Sie mein Buch weiterempfehlen. Direkt an Ihr berufliches Umfeld oder durch Ihre ganz persönliche Meinung in Form einer Bewertung bei Google oder Amazon.de.

Ich wünsche Ihnen:

▶ Fortschritt bei der Sicherung Ihres Unternehmens
▶ Klarheit bei den anstehenden Arbeiten
▶ Konsequenz beim Erreichen der nächsten Etappe
▶ Erfolg in unseren digitalen Zeiten

Ralf Hasford, Berlin 2016

Begriffserklärung

Das **digitale Enterprise-Resource-Planning (ERP) System** dient der unternehmerischen Aufgabe, vorhandene Ressourcen effizient für den betrieblichen Ablauf einzusetzen und somit die Steuerung von Geschäftsprozessen zu optimieren. Es ist ein digitales System und gibt eine Übersicht über Kapital, Personal, Betriebsmittel, Material sowie Auslastung und ermöglicht die rechtzeitige und bedarfsgerechte Planung und Steuerung. Es unterstützt die Effizienz betrieblicher Wertschöpfungsprozesse sowie die Optimierung der Steuerung unternehmerischer und betrieblicher Abläufe.

Das **Cyber-physisches System (CPS)**, kennzeichnet den Verbund von Informationstechnologie, Datenverarbeitung und Datenspeicherung (Server / Cloud, Internetplattform) mit technischen Geräten bzw. eigenständigen Teilen einer Anlage (z.B. Motor eines Krans). Datenaustausch wird über Dateninfrastruktur ermöglicht (z.B. Mobiltelefon, Internet). Cyber-physische Systeme weisen einen hohen Grad an Komplexität auf. Sie erfassen die Daten der Herstellung, Events aus dem Produktleben und können in Interaktion mit anderen Geräten treten. Im physischen Gerät werden Daten mittels Sensor erfasst bzw. zusätzlich über Eingabeschnittstellen wie ein Display / Tastatur eingegeben.

Daten werden in definierten Schichten abgelegt. Diese heißen Verwaltungsschalen und sind wie nachfolgend benannt und definiert. Eine oder mehrere Datenbanken werden dazu in unterschiedliche Schichten unterteilt. Jede Schicht hat eigene Zugriffsrechte, so dass nur ausgewählte Nutzer die jeweils richtigen Daten hineinschreiben bzw. auslesen können. Das dient der Vorsorge gegen Missbrauch.

Die einzelnen Schalen und Funktionen:

„Geschäftlich" – Daten und Funktionen werden hinterlegt, welche die geschäftliche Eignung und Leistung einer Komponente zu allen Zeiten des Produktlebens abbilden: Beschaffung, Konstruktion, Betrieb und Verwertung. Beispiele: Preise, Lieferbedingungen, Bestellcodes.

„Konstruktiv" – Besitzt Merkmale, die für den konstruktiven Einsatz der Komponente relevant sind, also für die Auswahl und Strukturbildung. Enthält eine Struktur-Klassifikation nach EN 81346. Enthält zahlreiche Merkmale zu physischen Dimensionen und zu Eingangs-, Verarbeitungs-und Ausgangsgrößen der Komponente. Enthält eine modulare Sicht auf Teil-Komponenten bzw. eine Geräte-Struktur. Erlaubt eine Automatisierungssicht mit Ein- und Ausgängen verschiedener Signaltypen.

„Leistung" – Beschreibt Leistungs- und Verhaltensmerkmale, um eine summarische Beurteilung und Virtuelle Inbetriebnahme (V-IBN) eines Gesamtsystems zuzulassen.

„Funktional" – Beinhaltet Aussagen zur Funktion nach EN 81346 und zur Funktion der Teil-Komponenten. Hier erfolgt auch eine Verortung der Einzelfunktionen der fachlichen Funktionalität, also z. B. sogenannte „Skills", Auslegungs-, Inbetriebnahme-, Berechnungs- oder Diagnosefunktionen der Komponente.

„Örtlich" – Macht Aussagen zu Positionen und örtlichen Zusammenhängen der Komponente oder ihrer Teile bzw. Ein- und Ausgänge

„Security" – Kann ein Merkmal als Security-relevant kennzeichnen. Dieses Merkmal sollte bei einer Betrachtung der Sicherheit berücksichtigt werden.

„Netzwerksicht" – Macht Aussagen zur elektrischen, fluidischen, Materialfluss-technischen und logischen Vernetzung der Komponente.

„Lebenszyklus" – Hält Daten zum aktuellen Zustand und der historischen Verwendung im Lebenszyklus der Komponente. Beispiele: Zuordnung zur Produktion, Wartungsprotokolle, vergangene Verwendungszwecke.

„Mensch" – Aus allen Schichten sollen Merkmale, Daten und Funktionen so aufbereitet werden, dass der Mensch einzelne Elemente verstehen, Zusammenhänge begreifen und Kausalketten beherrschen kann.

(Quelle: Struktur der Verwaltungsschale Fortentwicklung des Referenzmodells für die Industrie 4.0-Komponente/Kapitel 3. Struktur der Verwaltungsschalen S. 23

Herausgeber: Bundesministerium für Wirtschaft und Energie (BMWi) Öffentlichkeitsarbeit, 11019 Berlin, www.bmwi.de Redaktionelle Verantwortung: Plattform Industrie 4.0, Bertolt-Brecht-Platz 3, 10117 Berlin)

Smart Factory und **Cyber-physikalische Produktionssysteme (CPPS)** sind Begriffe aus der Fertigungstechnik und beschreiben die vernetzte Produktion innerhalb der Industrie 4.0. Sie bezeichnen die Produktionsumgebung, in der sich Fertigungsanlagen und Logistiksysteme ohne menschliche Eingriffe weitgehend selbst organisieren.

Technische Grundlage sind miteinander vernetzte Cyber-physische Systeme (z.B. die Vernetzung der Komponenten Bestellplattform, Maschinen, Anlagen, Roboter, Prüfvorrichtungen, Logistik und Lager). Eine weitere Besonderheit dabei ist die Kommunikation zwischen Produktträger (Aktor), Produkt (Werkstück) und Fertigungsanlage. Die Fertigungsinformationen werden dabei zwischen den einzelnen Geräten in maschinell lesbarer Form ausgetauscht (z.B. QR- oder Strichcode, NFC Near-Field-Communication / RFID-Chip). Anhand dieser Daten werden der Weg des Produkts von der Planung durch die Fertigungsanlage sowie die einzelnen Fertigungsschritte gesteuert. Die Daten der Produktion werden gespeichert und bilden ein Teil des Produkts – als Datengrundlage des eigenen Cyber-physischen System (CPS).

Das digitale **Customer-Relationship-Management (CRM)** bedeutet ins Deutsche übertragen „Kundenbeziehungsmanagement". Es dokumentiert die Aktivitäten zur Kundengewinnung und Kundenpflege. Es gestattet die konsequente Ausrichtung auf die Kundenbedürfnisse und eine entsprechende systematische Gestaltung der Kundenbeziehung. Kundenbeziehungen werden geplant und die Erfolge ausgewertet. Es ermöglicht ein vertieftes, langfristig ausgerichtet Beziehungsmarketing zwischen Unternehmen und Kunden.

Das Monitoring digitaler Medien und sozialer Netzwerke verdrängt das Sammeln von Presse-Beiträgen und ermöglicht sofortige kommunikative Maßnahmen sowie kundenbedürfnis-gesteuerte Produktverbesserungen und Dienstleistungen.

Das **Internet der Dinge (IoT – Internet of Things)** ist sehr stark mit dem Begriff des Cyber-physischen Systems gekoppelt, denn mit den „Dingen" sind die physischen Komponenten gemeint. Sie sind mit Sensoren behaftet, können eine eigene Kamera oder Eingabedisplays aufweisen und sind entweder unmittelbar oder mittelbar mit dem Menschen verbunden. Durch Austausch und Verarbeitung der erfassten Daten mit den Softwaremodulen im verbundenen Rechenzentrum werden die im Vorfeld definierten Reaktionen an das erfassende Gerät selbst oder an die die Umgebung beeinflussenden technischen Anlagen senden um damit entsprechende Parameter zu ändern. Ein Beispiel: Die Steuerung von Markisen zum Sonnenschutz in Abhängigkeit von Zeit, Witterungsbedingungen, Lichteinfall und persönlichen Wünschen über direkt an der Markise angebrachte Sensoren sowie dem Starttelefon des Nutzers. Starttelefon und Markise selbst sind dem Internet der Dinge zuzuordnen. Eine dezentrale Recheneinheit wird entsprechende Steuerbefehle geben und dabei die eventuell widersprüchlichen berücksichtigen. Bei Problemen könnten weitere Überwachungssensoren einen notwendig werdenden Service-Anbieter informieren und Wartung bzw. Reparatur beauftragen.

RFID = radio-frequency identification. Umschreibt die Identifizierung mit Hilfe elektromagnetischer Wellen. Es sind Sender-Empfänger-Systeme zum automatischen und berührungslosen Identifizieren und Lokalisieren von Objekten oder Lebewesen. Zur Kommunikation zwischen aktivem Sender und RFID-Transponder werden Radiowellen genutzt. Der Transponder besteht aus Antenne, analogem Schaltkreis zum Empfangen / Senden und digitalem Schaltkreis mit permanentem Speicher (der zumindest einmalig beschreibbar ist) zur Datenbereitstellung. Des weiteren kann eine eigene Energiequelle dazukommen. Bei passiven RFID-Transpondern wird die Energie des Senders genutzt.

Datencockpit, Unternehmenscockpit

Mit dem Unternehmenscockpit umschreibe ich das übersichtliche Bereitstellen aller wichtigen Unternehmensdaten. Auf dem Bildschirm von Computer oder Tablet-PC werden in gut überschaubaren Visualisierungen und Tabellen die Planungsdaten, real erfasste Daten und Prognosen dargestellt. Eingabefelder zur Kommunikation und Steuerung stehen ebenfalls digital bereit.

Die Bezeichnung Cockpit steht für die Anzeige- und Instrumententafel aus der Schiff- und Luftfahrt sowie der KFZ-Technik. Hier werden alle als relevant erkannten Informationen und Messergebnisse eingeblendet. Neben den Anzeigeinstrumenten kommen die Bedienelemente zur Systembeeinflussung und -steuerung sowie der Kommunikation hinzu. Der Trend geht zu ausschließlich digitalen Systemen.

Mittelstand

- ▶ Händler
- ▶ Handwerker
- ▶ Dienstleister
- ▶ Agentur/Praxis/Kanzlei
- ▶ Zulieferer
- ▶ Produzenten/Hersteller
- ▶ Familienunternehmen

Der Mittelstand ist das Rückgrat der deutschen Gesellschaft. Die Steuereinnahmen aus seiner Arbeitsleistung sichern den Wohlstand des Landes und der Kommunen.

Innovation in KMU basieren meist auf Wissen und Fähigkeiten der Mitarbeiter des Unternehmens.

Die Geschäftsmodelle erstrecken sich von 100% Vertrieb über Dienstleistung, Handel, Bau und Handwerk, Beratung bis hin zur Herstellung (innovativer Lieferant oder weltweiter Hidden Champion).

Definition Mittelstand

Die Definition des Mittelstandes ist nicht einheitlich. Für die EU beginnt der Mittelstand bei zehn Mitarbeitern und endet bei 250 Mitarbeitern, dazu gibt es eine Umsatzgröße, die weder unter- noch überschritten werden sollte. Ebenfalls ist festgeschrieben, dass der Eigentümer das Unternehmen leitet bzw. das Unternehmen sich mehrheitlich in der Hand eines privaten Eigentümers befindet.

In Deutschland geht man sehr viel großzügiger mit der Definition um. Meist spricht man hier von kleinen und mittleren Unternehmen (KMU). Sogar Selbstständige, Einzelunternehmer, Freelancer werden dabei mitunter schon mit einbezogen. Die Obergrenze variiert ebenfalls sehr stark. Sie liegt zwischen 300 und 3.000 Mitarbeitern, je nach dem, bei wem man nachliest.

Doch auch wenn man die strengere EU-Definition zugrunde legt, bei der Betrachtung der KMU in Deutschland muss festgestellt werden, dass Geschäftszwecke und gegenwärtig erreichter technischer Stand sehr stark differieren. KMU sind heterogen und nur schwer untereinander vergleichbar.

Die Unternehmen lassen sich jedoch nach Kriterien des Arbeitsinhalts, also der Wertschöpfung gliedern in:

▶ Planungs- und Beratungsunternehmen (Kreativ- und Wissensarbeit: Ingenieurs-, Architekturbüros, IT und Software, Werbeagenturen, Unternehmensberatungen, Steuerbüros, uvm.)

▶ 100% Dienstleistungsanbieter (Personelle- und Sachdienstleistungen: Gesundheit, soziale Dienste, Reparatur, Reinigung und Wartung)

▶ Handel

▶ Handwerk

▶ Bau und Bauhandwerk

▶ Manufakturen mit „Industrie 2.0" Standard

▶ Produktionsfirmen mit automatisierter bzw. teilautomatisierter Produktion

▶ Industrieähnliche Unternehmen mit vernetzter Produktion als digital angebundener Zulieferer der produzierenden Industrie sowie Landesgrenzen und Kontinente überschreitende Hersteller von Produkten (z. T. Hidden Champions)